SOMMES-NOUS TOUS RACISTES ?

Jacques-Philippe Leyens

SOMMES-NOUS TOUS RACISTES ?

PSYCHOLOGIE DES RACISMES ORDINAIRES

PRÉFACE D'ASSAAD AZZI

MARDAGA

Collection : PSY-Individus, groupes, cultures
dirigée par Vincent Yzerbyt

Collines de Wavre
Avenue Pasteur, 6 – Bât. H
B-1300 Wavre (Belgique)
www.mardaga.be

D. 2012-0024-6
ISBN 978-2-8047-0088-1

Sommaire

Tout peut être un alibi et rien de l'aveuglement

Jph.

À toute ma famille, de plus en plus grande...

Préface

Assaad E. Azzi

Il suffit de regarder l'évolution des sociétés humaines pour remarquer que l'idée de l'égalité entre les êtres humains est apparue récemment, après des millénaires de persécutions, d'esclavage et de guerres. Pourtant, au début de ce siècle, nous continuons à observer à travers le monde de nombreuses manifestations de comportements exprimant la haine, le mépris ou le manque de respect entre groupes. Paradoxalement, nous observons en même temps un foisonnement de lois anti-discrimination dans un nombre certes limité mais croissant de pays. On peut se demander pourquoi nous avons besoin de ces lois. Le livre de Jacques-Philippe Leyens nous apporte des éléments de réponse.

Il est évident que malgré l'émergence de la notion des droits de l'homme – et notamment de l'égalité entre les êtres humains quelles que soient leurs appartenances sociales –, cette égalité n'est pas encore un guide pour les comportements intergroupes. Les stéréotypes, les préjugés, la discrimination et le racisme gouvernent souvent nos comportements envers les membres d'autres groupes, et ce à notre insu et malgré notre sincère rejet juridique et moral de ce type de comportement. Que faut-il faire pour éradiquer le racisme ou tout au moins atténuer ses conséquences sur les relations intergroupes ? La réponse, simple, proposée par Jacques-Philippe Leyens est qu'il faut en premier lieu accepter de reconnaître la réalité de ce phénomène, une réalité bien étayée par les recherches en psychologie sociale depuis quelques décennies. La reconnaissance de cette réalité dépend bien sûr de l'interprétation des données issues de ces recherches et c'est là l'enjeu principal de l'argument présenté par l'auteur.

C'est avec un dosage équilibré de sagesse et de provocation que Jacques-Philippe Leyens nous livre son message sur la réalité quotidienne et banale du racisme. La sagesse émane de l'ancrage scientifique imperturbable de l'auteur. De nombreuses expériences classiques et récentes de la psychologie sociale sont revisitées pour nourrir l'argument. À l'instar d'un autre livre de l'auteur *(Sommes-nous tous psychologues ?)*, *Sommes-nous tous racistes ?* nous fait voyager à travers les expériences les plus intéressantes de la discipline pour finir par répondre positivement à la question posée par le titre.

Toutefois, faute de lire l'ouvrage dans son intégralité et d'y voir les nuances, le lecteur risque de ne sentir que la provocation. La raison en est simple. Accepter que le racisme soit une manifestation quotidienne et banale de certains processus psychologiques et sociaux, c'est aussi admettre que *nous sommes tous racistes*. Les nombreuses anecdotes et illustrations présentées dans ce livre augmentent cet effet de provocation. Pourtant, nombreuses sont aussi les nuances, qui sont non seulement fondées sur l'ancrage scientifique de l'auteur ou sur une stratégie discursive de sa part, mais reflètent selon moi une certaine conviction scientifique, et ce malgré la force de la provocation, qu'en fait « quiconque est *susceptible* d'être raciste », qu'une série de facteurs facilite le *glissement* dans un comportement raciste, que les biais identitaires peuvent *déraper*, etc. On ne peut qu'entrevoir l'argument sous-jacent à l'argument principal (nous sommes tous racistes) qui est : *dans certaines conditions*, même lorsque nous essayons de contrôler notre comportement, celui-ci est assujetti à des processus et influences qui *pourraient* le rendre raciste.

Cet équilibre entre sagesse et provocation se retrouve aussi dans l'attaque presque taquine que l'auteur adresse à la *color-blindness* (la cécité aux différences) et à travers celle-ci, à sa discipline, la psychologie sociale, à qui il reproche de s'être conformée à l'idéologie du politiquement correct en se faisant l'avocate de la *color-blindness* contre la *color-consciousness* (la conscience des différences). Malgré l'apparente et sincère identification de l'auteur avec cette dernière théorie, on devine, à travers les anecdotes et certaines critiques directes, un ton de reproche. Dans un sens, l'auteur semble presque dire que cette attitude « morale » de la discipline est un handicap pour sa capacité à expliquer la « réalité » et surtout à trouver des solutions raisonnables et réalisables aux problèmes sociaux engendrés par le racisme quotidien. Je pense que ce reproche devrait être pris au sérieux et généralisé aux autres sciences humaines qui s'intéressent à la problématique des relations intergroupes, interculturelles et internationales.

Dans un livre simple, profond et provocateur, Jacques-Philippe Leyens nous livre le fruit d'une vie de réflexion à la fois personnelle et scientifique. L'élégance de l'argument scientifique provient non seulement de son ancrage dans les données empiriques, mais aussi par une logique théorique rigoureuse qui l'amène à interpréter ces données d'une manière différente, nouvelle et parfois en contradiction avec les interprétations qui ont émergé et dominé dans la discipline. Cette élégance est épicée par les anecdotes qui interpellent et qui sont utilisées par l'auteur pour nous rappeler que les données scientifiques prennent leur sens principalement de l'interprétation qu'on en fait. Ceci est heureux car rien n'est perdu : même lorsqu'une discipline « erre » dans ses interprétations de ses données, il est toujours possible de revisiter celles-ci et de tenter de redresser le tir.

Assaad E. Azzi est Professeur et membre de l'unité de psychologie sociale à l'Université Libre de Bruxelles, en Belgique.

Introduction

Je sais que je suis raciste, peut-être même envers plusieurs groupes. Je le regrette ; je préférerais dire que je ne suis pas d'accord avec certains groupes et, pourtant, il m'arrive d'avoir des accès jubilatoires quand des ennuis arrivent à un des groupes vis-à-vis desquels je me considère raciste. Je sais aussi que je ne voterais jamais pour un parti, nationaliste par exemple, qui aurait le moindre relent raciste. Je suis contre le racisme. Je sais encore que je ne suis pas excentrique ; je me considère dans la moyenne des gens. Je suis également un scientifique et non un rêveur. Mes convictions que le racisme est quasi universel sont donc basées sur une interprétation de recherches fiables et cohérentes. Cette interprétation n'est pas farfelue, même si nombre de collègues ne l'acceptent pas publiquement. Comme la toute grande majorité d'entre eux, j'espère la disparition du racisme, mais nous différons sur les moyens à employer.

J'écris ce livre avec la conviction que les conséquences les plus néfastes du racisme disparaîtront ou diminueront si l'on prend d'abord toute la mesure de ce côté nauséabond de notre personne. Se battre contre ce que l'on ignore ou occulte est totalement vain. Améliorer ses faiblesses commande qu'à tout le moins on soit conscient de ses déficiences.

***

Le premier chapitre du livre débute par un contre-exemple. Selon Goldhagen, l'antisémitisme des nazis était une croyance millénaire qui touchait tous les Allemands et qui leur était d'ailleurs spécifique[1]. Selon lui, il aura suffi cependant de quelques années de démocratie et

---

1. Goldhagen, D. (1996). *Hitler's Willing Executioners : Ordinary Germans and the Holocaust*, New York : Alfred A. Knopf. Traduction française : Goldhagen, D. (1997). *Les Bourreaux volontaires de Hitler : les Allemands ordinaires et l'Holocauste*, Paris : Seuil.

la traduction de son livre en allemand pour supprimer tout racisme ! Je me sers de cette anecdote invraisemblable pour plaider que tous les groupes, et donc toutes les cibles, sont susceptibles d'être racistes. Le racisme tel que je l'entends dépasse de très loin l'étymologie du mot, qui limite son emploi à des ethnies, à des « races ». Ce qui est important dans le phénomène, c'est que c'est l'ensemble du groupe qui est mis en cause. On en veut au membre X du simple fait qu'il appartient au groupe X qui est coupable d'entraîner la « Xphobie » ou la « Xphilie », quelles que soient celles-ci.

Le deuxième chapitre illustre des expériences célèbres et importantes pour la compréhension du racisme. On y montre notamment que l'amour éprouvé pour le groupe d'appartenance ne signifie par pour autant la haine envers les autres groupes. J'en profite pour exposer une série de conditions qui mènent à des conflits intergroupes. Je mets également en exergue que notre but premier est de protéger notre groupe d'appartenance, ce qui est remarquable. Tout aussi remarquable : les phénomènes qui rendent compte de cette volonté de protection et du racisme en général sont des processus normaux qui relèvent d'une psychologie ordinaire.

Le troisième chapitre est important. Il commence avec la remarque de Myrdal[2], l'auteur du *Dilemme américain*, qui suggère que les problèmes de la société américaine sont davantage ceux des Blancs que ceux des Noirs. J'y discute longuement l'antagonisme qui existe entre « *color-blind* » et « *color-conscious* ». Être tout à fait *color-conscious* signifie non seulement que l'on accepte qu'il y ait des différences entre groupes, mais qu'on les accepte pour autant que ce soit conforme à notre morale. On est donc soit pour l'intégration, soit pour le racisme explicite. Être *color-blind* signifie soit que la minorité doit s'assimiler à la majorité – ce qui est une réaction raciste –, soit que tous les individus, quels que soient leurs groupes d'appartenance, sont égaux – une réaction non-raciste mais parfois utopique ou problématique.

Les stéréotypes sont les ingrédients probablement les plus étudiés au niveau du racisme. J'y ai d'ailleurs consacré deux chapitres. Pour des raisons qui me semblent fragiles, les stéréotypes sont les plus mal aimés des concepts issus de la psychologie sociale. Si vous n'en êtes

---

2. Myrdal, G. (1944). *An American Dilemma : The Negro Problem and Modern Democracy*, New York : Harper & Bros.

pas convaincu(e), dites à votre petit(e) ami(e) qu'il ou elle est l'incarnation des stéréotypes des « X » ! Après avoir énuméré les reproches que l'on entend le plus souvent à propos des stéréotypes, je prends résolument leur défense. Il se fait que j'étais un jeune psychologue ennemi des stéréotypes[3]. J'ai évolué parce que je suis certain qu'ils sont indispensables dans la vie quotidienne et que je suis convaincu qu'ils sont souvent efficaces. Ces qualités n'enlèvent strictement rien à l'usage raciste qui en est malheureusement fait. Tout comme ils sont efficaces dans la vie ordinaire, ils le sont dans une optique de racisme et leur aspect de slogan ne les aide pas. Ce sont les « *Heil racisme* » de toute une psychologie !

Le chapitre 6 traite à la fois des discriminations et des préjugés. Les deux processus, en effet, me semblent tellement liés que j'ai été incapable de les aborder séparément. Les deux sont le produit d'idéologies. Et ce ne sont pas les idéologies qui manquent du point de vue du racisme ! J'ai choisi une vision idéologique à partir de laquelle se présentaient différentes approches de l'inégalité entre groupes. Noter qu'il existe des groupes inégaux n'a rien de raciste. C'est un fait, mais son existence et ses conséquences relèvent souvent d'idéologies racistes. C'est l'idéologie à la base de la hiérarchie entre groupes qui est souvent raciste. À la lecture du chapitre, on pourrait me taxer de « classiste » parce que je me suis (facilement) évertué à mettre en exergue les justifications que les dominants renseignent en toute naïveté pour légitimer leur position privilégiée. Ces justifications maintiennent le *statu quo* de la société et peuvent aller jusqu'à « noircir » les incapables et à « blanchir » les compétents !

Le chapitre 7 traite de la déshumanisation. À ma connaissance, c'est la première fois que ce thème est abordé dans un livre avec autant de minutie et qu'il l'est dans un environnement qui ne renvoie pas nécessairement à des conflits armés, mais aussi à des situations de la vie quotidienne. Après une évocation de la théorie minimale pour comprendre le phénomène, je détaille les conséquences que les recherches disponibles ont mises en évidence. La déshumanisation est un phénomène qui est souvent extrême, mais il ne faudrait pas croire que, pour autant, il manque de finesse. J'illustre les variations d'humanité dans les interactions quotidiennes qui ne supposent aucun conflit. Je

3. Leyens, J. Ph. (1983). *Sommes-nous tous des psychologues ?*, Sprimont : Mardaga.

compare aussi la déshumanisation médicale, qu'on peut rencontrer dans les services d'oncologie, à la déshumanisation guerrière qui doit régner à Guantánamo. On sera étonné des similitudes et des différences entre les situations !

Outre le but premier de cet ouvrage – saper le racisme – je n'hésite pas à recourir au « politiquement incorrect » pour défendre mes idées. L'exemple le plus patent est celui, déjà dénoncé plus haut, de l'utilité fréquente des stéréotypes. Celle-ci provient notamment de la reconnaissance des groupes ou catégories dont certains voudraient effacer les différences ou minimiser les frontières. Une autre illustration est le phénomène de mode qui traverse les racismes et qui distingue ceux qui sont inacceptables de ceux dont on ne se doute même pas de l'existence ou qui sont acceptés comme des attitudes banales, voire louables. S'il n'y avait pas de groupes distincts, il n'y aurait pas de racisme, mais l'estompage des différences est une ruse d'un ethnocentrisme d'autant plus sournois qu'il ne profite qu'aux groupes ayant la possibilité d'élire les particularités à gommer.

J'ai toujours veillé à ce que mes provocations reposent sur des faits bien établis par la recherche. J'aimerais qu'elles suscitent réflexions, débats, et remises en question. Bonne lecture !

Chapitre 1
Le racisme sous toutes ses formes

GOLDHAGEN ET LE RACISME COMME ATAVISME

Dans *Les bourreaux volontaires de Hitler*, un livre aussi célébré qu'odieux, Daniel Jonah Goldhagen se penche sur le sort des Juifs pendant la Seconde guerre mondiale.[1] En bon narrateur, l'ex-professeur d'Harvard choisit ses cibles. Il décrit en détail le calvaire de centaines de milliers de prisonnières, surtout juives, en janvier 1945, quand la débâcle nazie était devenue certaine sauf pour quelques Allemands et Autrichiens bornés. Devant l'avance des troupes soviétiques, l'ordre fut donné de transférer les prisonnières depuis le fin fond de la Pologne vers l'intérieur de l'Allemagne. Plutôt que d'avancer en ligne droite, ces cortèges de la mort prirent des allures de jeux de piste aux trajectoires tarabiscotées, ajoutant centaines de kilomètres sur centaines de kilomètres. Goldhagen se délecte en énumérant les comportements ignominieux des femmes allemandes en charge des prisonnières ainsi que l'indifférence, si pas l'hostilité, des habitants des villages traversés. L'autre grande partie du livre est consacré au 101e bataillon de police composé d'hommes plus âgés que les militaires, sans affinités particulières avec le parti nazi, et *libres* de refuser les ordres consistant à débusquer et massacrer les Juifs de Pologne. Ici encore, Goldhagen met en exergue des individus qui vont au-devant des ordres, font preuve d'un zèle qui doit parfois être tempéré et qui n'hésitent pas à faire venir leur petite amie depuis la mère patrie pour se faire photographier avec elle sur le champ de leurs exploits barbares.

À sa parution, cet ouvrage fut un best-seller aux États-Unis, avec leur immense sympathie pro-israélienne, ainsi qu'en Allemagne, où règne encore la culpabilité, surtout chez les jeunes, pour les exactions commises au nom d'une certaine idée de la patrie. Le succès du livre

1. Goldhagen, D. (1996). *Hitler's Willing Executioners (op. cit.)*.

est facile à expliquer : bien écrit, mélodramatique… mais, il est avant tout simpliste ! Pour Goldhagen, les atrocités nazies sont explicables par une seule cause : l'antisémitisme ancestral et omniprésent de *tous* les Allemands de l'époque. En d'autres termes, Goldhagen rejette les explications historiques, économiques et psychologiques. Selon lui, l'idéologie nazie n'a joué qu'un rôle accidentel, contingent et non nécessaire dans l'extermination des Juifs. Voici quelques extraits représentatifs de la théorie de Goldhagen :

> *La seule explication qui convienne est celle qui montre qu'un antisémitisme démonologique, dans sa variante violemment raciste, était le modèle culturel de ces agents de l'Holocauste et de la société allemande en général. Selon cette conception, les bourreaux allemands approuvaient ces massacres de masse qu'ils commettaient, ils étaient des hommes et des femmes qui, fidèles à leurs profondes convictions antisémites, à leur credo culturel antisémite, considéraient le massacre comme juste* (p. 525).

> *C'est la croyance des Allemands en la justice de leur entreprise qui les faisait, régulièrement, prendre des initiatives dans l'extermination des Juifs, se livrer aux tâches prescrites avec l'ardeur des vrais croyants, tuant des Juifs même quand ils n'en avaient pas reçu l'ordre. C'est elle qui explique non seulement que les Allemands n'aient pas refusé de tuer, mais aussi pourquoi tant d'entre eux, comme les hommes des bataillons de police, se portaient volontaires pour les tueries* (p. 528).

> *(…) les conclusions auxquelles nous avons abouti sur les actes de ces hommes peuvent être étendues au* peuple allemand tout entier. *Ce que ces Allemands* ordinaires *ont fait, tous les autres Allemands* ordinaires *auraient pu le faire* (p. 538 ; italiques dans l'original).

Le livre est odieux parce que le simplisme idéologique et les arguments de vente excusent toutes les distorsions historiques et n'importe quelle platitude. Voici comment l'homme qui défend un antisémitisme germanique ancestral préface l'édition allemande de son ouvrage :

> *La défaite militaire et l'instauration d'un régime démocratique ont eu pour conséquence un remplacement des anciennes croyances antidémocratiques et antisémites par de nouvelles croyances démocratiques (p. IX de la préface à l'édition allemande).*

J'ai rarement rencontré un livre aussi éreinté par les historiens de la Seconde Guerre, de tous bords et de toutes religions. Les historiens juifs[2], notamment, refusent de voir en Goldhagen un scientifique et l'assimilent aux chantres de l'Holocauste qu'ils n'aiment guère pour leur manque d'objectivité.

À tout moment de la lecture, on se pose la question : « Pourquoi l'Allemagne et pas d'autres pays ? ». Le lecteur de romans populaires français et anglais antérieurs à la Seconde Guerre mondiale, par exemple, en est pour ses frais. Le « Juif » n'est pas mieux vu en France, en Belgique ou en Grande Bretagne qu'ailleurs. Il est rusé, radin et reconnaissable à son nez chez Agatha Christie ; il sent mauvais chez Georges Simenon. Comment se fait-il que les lecteurs francophones et anglophones aient accepté de tels propos sans faire preuve des mêmes cruautés que les Allemands ? Inversement, pourquoi les États-Unis ont-ils limité l'immigration juive si, à en croire Goldhagen, chaque Allemand, de quelque hameau isolé qu'il fût, connaissait le sort atroce qui attendait les Juifs ? Les autorités américaines auraient-elles été moins bien informées que des Allemands ordinaires dans leurs coins reculés ? La démocrate Amérique aurait-elle également été anti-sémite ? Goldhagen résoudra la perspective comparative par une non-réponse : « l'antisémitisme allemand était *sui generis* (p. 562 ; italiques dans l'original) ». Il est donc inutile d'expliquer les différences de comportements entre pays. Apparemment, « l'antisémitisme démonologique » remontant à la nuit des temps était par essence allemand. On sait pourtant que l'eugénisme[3], dont les camps d'extermination sont l'aboutissement, s'est d'abord développé dans les pays saxons pour perdurer en Suède jusque dans les années 1970. Somme toute, Goldhagen donne bonne conscience à tous ceux qui ne sont pas nés en Allemagne avant la Seconde Guerre mondiale, et il rassure tous ceux qui, n'étant pas Juifs, auront la chance d'échapper à la vindicte raciste.

Goldhagen est ridicule en taxant la totalité du peuple allemand d'un racisme dirigé sur une seule cible, un racisme qui aurait traversé les

---

2. Voir Finkelstein, N., Birn, R. (1999). *L'Allemagne en procès*, Paris : Albin Michel. Postface de Hélène Miard-Delacroix ; et aussi Stern, F. (1996). « The Goldenhagen controversy. One nation, one people, one theory ? » *Foreign Affairs*. Novembre/Décembre, pp. 128-138.

3. Pichot, A. (2000). *La société pure. De Darwin à Hitler*, Paris : Flammarion.

siècles mais aurait disparu le temps que son livre soit traduit dans la langue de Goethe. Pour autant, il n'a rien inventé. Tous les faits rapportés, même d'autres pires, comme les chambres à gaz, ont existé à cause d'un racisme répandu avec une telle fréquence qu'il prenait l'allure d'une norme.

Je n'ajouterai pas grand-chose à la liste des sarcasmes dont j'ai déjà submergé la thèse de Goldhagen. Si je m'arrête aussi abruptement, le lecteur est en droit de se demander quel but j'ai poursuivi ou quel plaisir j'ai ressenti à me moquer ainsi de Goldhagen. De manière sélective, l'auteur rapporte des faits réels afin de persuader ses affidés que tous les Allemands étaient racistes. Sa sélection historique est une erreur historique. Son explication de l'antisémitisme allemand à partir d'un atavisme spécifique est une double sottise. Quelle est la puissance d'un atavisme auquel cinquante ans de démocratie suffisent pour disparaître ? Enfin, en quoi l'Allemagne, plutôt qu'une autre nation, constituait-elle un terreau privilégié ? La réponse à toutes ces questions en étonnera plus d'un.

À l'instar de Goldhagen, je voudrais montrer que *nous avons tous de grandes probabilités d'être des racistes ou, à tout le moins, d'avoir des accès racistes,* mais contrairement à Goldhagen, je veux adosser mon raisonnement à des sources scientifiques et envisager des racismes dont on ne soupçonne souvent pas l'existence ou l'importance. Ce qui fait le succès du livre de Goldhagen, c'est l'énormité des faits que l'on attribue aux habitants d'un seul pays. Je défendrai l'idée que le racisme nous guette tous, mais qu'il prend le plus souvent des allures honteuses, camouflées et contraires à la volonté de ceux qui en font preuve. Pour être raciste, il ne faut pas nécessairement être nazi ou fasciste, un fan de Pinochet ou d'Amin Dada, un skinhead ou un militant du Front National. Le racisme englobe une infinité de cibles, il guette chacun de nous, plus souvent que nous le désirons et, surtout, davantage que nous l'imaginons. Enfin, le racisme quotidien dont je voudrais parler ne se résume pas à un groupe (l'Allemagne) contre un autre groupe (les Juifs). Si le racisme ressemblait à l'antisémitisme de Goldhagen, la thèse défendue dans cet essai deviendrait insoutenable. Tous nous pouvons avoir des accès de racisme mais tous, également, nous pouvons être la cible du racisme. Avant tout, que faut-il entendre par racisme ?

LE RACISME, C'EST QUOI ?

Il y a fort à parier que beaucoup de gens n'éprouveraient guère de difficultés à définir le racisme, mais leurs définitions se ressembleraient probablement peu. Certains évoqueraient la haine entre ethnies qui ont des pouvoirs inégaux. D'autres parleraient d'oppression économique, politique, sociale et culturelle envers des groupes qui se distinguent par la race, la couleur, la descendance, la nationalité ou l'origine ethnique. *A priori*, un consensus devrait exister entre les groupes désignés sous le terme de « race » et ceux susceptibles de souffrir de « racisme ». Intuitivement, j'étais sceptique quant à l'existence d'un large accord sur le sujet. Il y a quelques années, j'ai demandé à des étudiants belges à quels groupes ils pensaient quand je disais « racisme », et à d'autres j'ai posé la même question en remplaçant « racisme » par « races ». Manifestement, les deux mots n'évoquent pas les mêmes groupes sociaux. Les Noirs, les Blancs, les Maghrébins, les Juifs sont associés à « race ». Immigrants, illégaux, musulmans et Maghrébins sont associés à « racisme ». À l'exception des Maghrébins, les gens qui représenteraient une « race » ne seraient pas ceux qui sont assimilés au racisme. Ce dernier porterait sur les groupes stigmatisés et discriminés en Belgique en début de siècle alors que le mot « race » est rattaché à des différences visibles et à des histoires particulières. Ce hiatus témoigne d'idées floues sur la notion de race ou sur le concept de racisme, voire sur les deux. Je l'ai retrouvé absolument identique dans une publication du Centre (belge) pour l'égalité des chances et la lutte contre le racisme.[4] Je profiterai de cet amalgame pour rassembler sous le terme de « racisme » beaucoup de groupes non évoqués par une vision stricte du mot « race/ethnie ». Selon ma thèse, *n'importe quels membres de n'importe quel groupe peuvent se montrer racistes envers les membres de n'importe quel autre groupe.*

Quand j'étais enfant, on trouvait dans l'emballage d'une marque de chocolat une image d'un Africain à coller dans un grand album qui nous renseignait sur les particularités physiques et psychiques de ces « indigènes ». On était dans les années 1950, c'est-à-dire bien après que les théories sur la supériorité relative des races ont été bannies avec la découverte des camps d'extermination nazis. Au bon Belge épris de philanthropie colonialiste, on proposait un voyage exotique parmi les

4. Portail Belgium.be du Centre pour l'égalité des chances et la lutte contre le racisme.

« races » africaines. Ce qu'il y avait de commun entre le chocolat et un quelconque racisme était qu'il y avait entre les êtres humains des différences visibles (couleur, morphologie, habitudes), qui renvoyaient à d'autres, invisibles (habitudes, personnalité), de telle sorte que le civilisé pouvait s'extasier sur la variété des sous-espèces différentes de l'humanité. Depuis Buffon, plus personne ne niait l'unité de l'espèce humaine puisque la reproduction était possible quel que soit le mélange des géniteurs mais, comme ce savant, l'opinion publique continuait à croire qu'au-delà de cette unité fondamentale, il y avait des différences tout aussi essentielles au niveau physique et mental, si bien que « le Nègre serait à l'homme ce qu'est l'âne au cheval »[5].

À l'époque du colonialisme, beaucoup de personnes croyaient encore en l'existence des races. Avec les années 1960, la génétique a fait des progrès considérables. Les variations génétiques à l'intérieur d'une même « race », entre Portugais et Finnois par exemple, sont aussi grandes qu'entre prétendues « races » différentes, comme entre Finnois et Tutsi. En outre les différences génétiques semblent dépendre davantage de la géographie des groupes que de leur couleur ou autres différences physiques. Même s'ils paraissent appartenir à la même « race », des groupes géographiquement éloignés ont plus de chances d'être génétiquement différents que des groupes proches assimilés à des « races » différentes, du moins selon certains chercheurs.[6] Les caractéristiques physiques souvent employées pour désigner une « race », comme la pigmentation de la peau ou les cheveux raides plutôt que crépus, ne reflètent qu'infiniment peu de différences génétiques. Il y a une assimilation abusive de l'apparence (le phénotype) avec le substrat biologique (le génotype). Pour toutes ces raisons, la biologie a répudié le terme de « race ». Cela n'empêche pas son usage dans la vie courante. Une anecdote illustre à merveille l'absurdité de cet usage. Un journaliste américain demanda à l'ex-dictateur d'Haïti, Papa Doc Duvalier, le pourcentage de Blancs à Haïti. Papa Doc répondit : « 96 % ». Comme le journaliste manifestait de la peine à le croire, Papa Doc ajouta : « Nous faisons la même chose qu'aux États-Unis. Là, quand vous avez une goutte de sang noir, vous êtes Noir. Ici, quand vous avec une goutte de sang blanc, vous êtes Blanc ». Il existe

5. Buffon, G.-L. L. de (1833-34), 22 volumes. Tome X, p. 271. Paris : Pourrat Frères.
6. Cavalli-Sforza, L. L.., Menozzi, P., & Piazza, A. (1994). *The History and Geography of Human Genes*. Princeton : Princeton University Press.

différentes fréquences d'ondes lumineuses, mais ce sont les gens, nous tous, qui disons « rose » ou « brun ».

Pour désigner les cibles du racisme, j'ai parlé de groupes en général et non d'ethnies – qui tendent à remplacer les races dans beaucoup d'écrits. Fondamentalement, il ne s'agit que d'un changement cosmétique. Où commence et où se termine une ethnie ? En France, y a-t-il des ethnies parisienne, alsacienne, bretonne et auvergnate ? En Belgique, les Bruxellois francophones et les Wallons relèvent-ils d'ethnies différentes ? D'autres, comme les Nations unies, se sont montrés davantage prudents en parlant à la fois de race, de couleur, de descendance et d'origine nationale et ethnique.[7] Au cours des ans, les scientifiques ont également forgé des néologismes pour désigner des cibles particulières du racisme. C'est ainsi qu'on parle d'antisémitisme, de sexisme, d'homophobie, d'islamophobie, d'âgisme, etc. Cette liste n'est nullement exhaustive et l'arrivée de ces termes ne s'est pas produite à des moments innocents. Le terme d'antisémitisme s'est d'autant plus répandu qu'il a été de mauvais ton d'être raciste vis-à-vis des Juifs. Les femmes ont dû attendre d'être reconnues comme des partenaires (presque) égales pour voir apparaître le vocable de sexisme. Quand les homosexuels n'ont plus ressenti le besoin de se cacher, on a forgé le mot d'homophobie. L'islamophobie a grandi avec les revendications des personnes qu'on englobait sous le terme de musulmans. Je suis certain que beaucoup de lecteurs iront vérifier la signification exacte de l'âgisme (quand cela commence-t-il ?). Aucun mot n'a encore été trouvé pour le racisme avéré à l'encontre des sans-logis, des skinheads, des obèses et des fumeurs, pour ne prendre que quelques exemples. Ces racismes existent pourtant et il n'y a d'ailleurs pas de raison que la liste s'arrête, ou qu'elle ignore les groupes religieux, idéologiques et professionnels. Toute limitation serait arbitraire, dans la mesure où tout groupe, y compris une ethnie, est une construction sociale.

Pour dépasser les fluctuations temporelles et géographiques, les différences arbitraires, les héritages d'étiquettes, je propose que n'importe quel groupe humain *puisse* faire l'objet d'un racisme. Que l'on soit membre de n'importe quel groupe, jaune, Belge, mâle, bisexuel, policier, chauve ou puritain, on *peut* être stigmatisé par le racisme. De

7. Nations unies PITSF 2 (1963). Convention internationale sur l'élimination de toutes formes de discrimination raciale.

même, je voudrais montrer dans ce livre que quiconque est *susceptible* d'être raciste à l'encontre de l'un ou l'autre groupe, que celui-ci soit professionnel, ethnique, national, religieux ou autre. C'est parce que je ne limite pas le racisme aux cibles traditionnelles que je parle de racismes au quotidien.

En dépit de la disparition du terme « race » du vocabulaire scientifique et juridique (encore que la race figurait dans la définition des Nations unies), et sans doute pour des raisons de commodité, le terme de « racisme » est demeuré. Les juristes français parlent de haine, les Onusiens d'oppression. Les psychologues sociaux, eux, s'intéressent à l'ensemble des dommages encourus par les victimes. Pour eux, le racisme est un antagonisme profond, mais aussi une condescendance apparemment inoffensive, conscients ou non, à l'encontre de membres d'un groupe donné *du seul fait de leur appartenance à ce groupe*, et qui se manifestent aussi bien au niveau du comportement – la discrimination – que des croyances – les stéréotypes – et des réactions affectives – les préjugés. Les chapitres suivants discuteront amplement ces concepts.

Je suis bien conscient que mon usage du terme « racisme » va au-delà de ce qui se fait habituellement. Si l'on se rapporte à la littérature psychologique anglo-saxonne et francophone, le mot « racisme » dans un titre de livre restreint le sujet au racisme ethnique, souvent Blancs-Noirs. Quand le propos se veut plus général, le titre est le même que celui de l'ouvrage de Légal et Delouvée : *Stéréotypes, préjugés et discrimination.*[8] En général, je parlerai de « racisme » dans un sens bien plus étendu qu'aux États-Unis ; quand le besoin s'en fera sentir, je préciserai qu'il s'agit de racisme ethnique et, sinon, je m'en tiendrai aux néologismes en vogue.

Avec cet emploi du mot « racisme », je suis sensible à la critique de banalisation exprimée notamment par des personnes « de couleur » (c'est-à-dire d'une couleur autre que totalement blanche !) et par des Juifs. À juste titre sans doute, ces personnes s'estiment les cibles privilégiées du racisme et considèrent que celui-ci, tel qu'elles en souffrent, ne s'assimile pas à des réactions comme le sexisme, le nationalisme ou

8. Légal, J.-B. & Delouvée, S. (2008). *Stéréotypes, préjugés et discrimination.* Paris : Dunod (le seul livre francophone sur le sujet à ma connaissance, et sur l'ensemble des livres y compris anglo-saxons, celui dont le rapport qualité/volume est de loin le meilleur).

l'homophobie. Plutôt que de courir le risque de banaliser le terme «racisme», mes collègues anglophones recommandent d'utiliser le terme «*prejudice*» en y englobant tous les racismes possibles. En anglais, ce terme correspond davantage à ce que nous appelons «préjugé» que «préjudice». En français, le préjudice réfère, entre autres, au tort causé par le préjugé, un jugement tout fait, une opinion préconçue. Il n'y a pas d'équivalent à l'expression anglaise «*to be prejudiced*». Il y a des préjudiciés, mais pas de préjudicieurs ou de préjudicistes; par contre, il y a des gens qui ont des préjugés, mais ceux-ci peuvent porter sur une quantité de sujets autres que la race. Je suis tout à fait d'accord que le racisme basé sur la couleur de peau ne se confond pas avec celui qui prend appui sur une différence de religion, par exemple. Les stéréotypes auront un contenu différent, les affects divergeront et la discrimination se manifestera sans doute de manière spécifique, mais les trois volets seront toujours présents. Quels que soient les groupes envisagés, les processus du racisme ne changent pas. Être raciste à l'encontre d'un groupe quelconque, c'est avoir des attitudes, des affects et des comportements dénigrants ou méprisants à l'encontre des membres de ce groupe pour la seule raison qu'ils font partie de ce groupe.

ÊTRE RACISTE

La discrimination renvoie au comportement qui, aux yeux de tiers neutres, lèse les membres d'un groupe spécifique. Ne pas louer un appartement à une famille parce qu'elle est étrangère, c'est de la discrimination. Cet aspect est clairement présent dans la convention des Nations unies. Les stéréotypes sont des croyances, des généralisations partagées par l'ensemble d'un groupe à propos de la personnalité et des comportements de l'ensemble d'un autre groupe. Les stéréotypes ne sont pas racistes en soi, mais leur emploi le sera quand il s'agira de faire passer ces croyances pour des réalités afin de nuire à des personnes d'un groupe donné. Dire des femmes qu'elles sont plus émotives que les hommes n'a rien de raciste en soi, selon moi tout au moins, sauf si l'on sous-entend que leur émotivité étouffe leur intelligence ou une autre qualité. Alors que la discrimination a trait au comportement et le stéréotype à l'opinion au sujet d'un groupe, le préjugé (dont la haine évoquée par la loi française n'est qu'un aspect) vise les réactions cognitivo-affectives négatives comme la peur, la haine, le dégoût ou le paternalisme vis-à-vis de ce groupe. À l'instar de la discrimination et de l'usage raciste du stéréotype, le préjugé peut être conscient ou inconscient. Alors qu'on peut parfois commander à son intellect et aux comportements de ne pas montrer de racisme, il est infiniment plus difficile de réussir cette performance au niveau affectif. Quelqu'un peut très bien ne pas vouloir être raciste, ne pas exprimer de stéréotypes, ne pas commettre d'actes flagrants de discrimination et néanmoins avoir des préjugés qui se manifesteront dans des réactions difficilement contrôlables tant elles sont investies d'émotion. L'homme d'État Raymond Barre ne se voulait sincèrement pas antisémite, mais il n'en a pas moins dit, du temps où il était Premier ministre, que l'attentat contre une synagogue avait blessé des innocents. Entendez des non-Juifs !

Il n'y a rien d'inéluctable au racisme puisqu'on ne naît pas raciste. Je suis très fier de l'anecdote suivante : ayant changé d'école primaire, ma fille s'était fait une nouvelle amie. À certaines réflexions, je soupçonnais que celle-ci était africaine et je demandai donc à ma fille si son amie était noire. Ce à quoi elle me répondit qu'elle n'en savait rien, mais regarderait demain. Il s'avéra que cette amie était Capverdienne. Dans le même ordre d'idées, j'ai entendu une autre anecdote. Deux enfants, l'un Noir et l'autre Blanc, sont des amis inséparables. Un jour, le papa noir vient rechercher son fils à l'école. Le lendemain, le petit Blanc fait ce reproche à son ami : « Tu ne m'avais jamais dit que tes parents étaient noirs. » Malgré cette non-inéluctabilité, je sais par expérience que ma thèse est difficile à accepter et suscite beaucoup de résistance. En comparaison, celle de Goldhagen risque d'apparaître sympathique dans la mesure où elle ne met en question qu'un petit nombre de personnes qui se réduit sans cesse, les survivants allemands du nazisme. Naîtrions-nous d'ailleurs racistes qu'il ne faudrait pas non plus être fataliste, car on n'est pas obligé de rester les bras ballants devant une maladie génétique.

Je ne suis ni fataliste ni pessimiste. Tout au contraire. Je me veux réaliste et je préfère aborder un problème de front plutôt qu'en me voilant la face. Je me méfie au plus haut point des personnes qui s'autoproclament non-racistes. C'est au nom de leur non-racisme et des meilleures intentions du monde dont est pavé l'enfer, que ces personnes sont capables du pire. Il y a quelques années, un immigré marocain a violé une jeune fille dans le petit village espagnol de El Ejido. La réaction contre la communauté locale d'immigrés a été d'une telle violence que les images télévisées ont fait le tour du monde. Interrogées à la radio, toutes les personnes se sont déclarées non-racistes : « Je ne suis pas raciste, disait une femme, mais les Africains me font peur. »[9] Peu après ces incidents, pour une recherche, nous avions besoin de stéréotypes positifs et négatifs concernant les Noirs et les Blancs. Nous avons sollicité des étudiants de Belgique ainsi que de l'université de Murcia, dans la région de El Ejido, avec qui nous collaborions. C'est une tâche courante dans les milieux universitaires. On prévient les étudiants qu'on cherche à mettre au point le matériel d'une expérience – ce qui est vrai – et qu'on n'est pas intéressé par ce qu'ils pensent personnellement, mais par ce que les gens disent autour d'eux – ce qui est vrai aussi. Les étudiants comprennent très bien qu'on ne mesure pas leur degré de racisme. Ma collègue espagnole a dû finalement travailler avec un autre matériel qu'en Belgique parce que ses étudiants étaient incapables de lui donner un seul stéréotype positif des Noirs. Aucun problème pour les stéréotypes négatifs, mais il nous fut impossible de recueillir *une seule* caractéristique positive ! Étrange non-racisme...

LES RACISMES À LA MODE !

D'autres collègues sont d'accord pour parler de racisme pour certains groupes, traditionnellement considérés comme stigmatisés, vis-à-vis desquels nous aurions des réactions irrationnelles, mais pas pour d'autres groupes parce que, selon eux, les réactions de haine ou de dégoût vis-à-vis de ces groupes sont en fait des désaccords qui peuvent s'expliquer par des faits établis et non des croyances. Une série d'Européens, par exemple, peut en venir à éprouver à l'encontre des partisans du Grand Israël des sentiments que je qualifierais de racistes. Pour certains, plutôt que du racisme, il s'agirait en fait d'un désaccord intellectuel, reposant sur l'examen de faits vérifiables – les textes des essais de compromis entre Palestiniens et Israéliens et les arguments mutuels, la « feuille de route », les écarts aux promesses réciproques, etc. Je ne trouve pas un terme spécifique pour cette réalité (antisioniste ne

9. Pour des raisons explicitées dans la suite de l'ouvrage, la xénophobie est traitée comme équivalente au racisme.

convient pas ; judéophobe ? anti-Grand Israël ?), mais ne suis pas prêt à céder à l'argument que le racisme ne pourrait pas y être impliqué. D'autres exemples peuvent être le Sahara Occidental et le Maroc, ou la Turquie et le Kurdistan turc. Les faits *sociaux* sont toujours construits. L'histoire n'est pas immuable. Le mensonge ou le silence d'aujourd'hui est la clameur ou la vérité de demain. Racistes et non-racistes se basent continuellement sur des faits et des textes. Les nationalistes croient être rationnels dans leurs arguments. Les révisionnistes et négationnistes passent leur temps à écrire des livres dans lesquels ils investissent tout leur intellect.

En fait, il s'agit bien d'autre chose que de rationalité. Pourquoi accepte-t-on l'idée que certains Blancs soient racistes vis-à-vis de Noirs et inversement ? Pourquoi est-il concevable que des Basques se montrent nationalistes ? Pourquoi, dans certains cas, accepte-t-on que les gens soient irrationnels mais exige-t-on qu'ils restent rationnels dans d'autres domaines ? Ce passage du rationnel à l'irrationnel se produit tous les jours. Comment se fait-il qu'à la fin des années 1980, des Israéliens juifs progressistes, qui estimaient que des compatriotes ultra-orthodoxes ne partageaient pas leurs valeurs humanitaires, ne leur accordaient pas une pleine humanité et étaient prêts à leur causer du tort ? [10] Comment se fait-il qu'au lendemain du 11 Septembre, des intellectuels occidentaux, dont certains apôtres du non-racisme, sont devenus publiquement racistes vis-à-vis des musulmans ?

Il y a un *effet de mode*. À certaines périodes, il est convenable et de bon ton de dénoncer certains racismes. Si antisémitisme et sexisme ont déjà un certain passé, on ne parle d'islamophobie, d'homophobie, ou d'albophobie (racisme « anti-blanc ») que depuis récemment. Auparavant, on pouvait parler d'un racisme anti-Irlandais ou anti-Italiens. Les contextes ont changé mais, davantage que cela, certains racismes sont jugés condamnables par l'ensemble de la population, alors que d'autres racismes sont tolérés sans qu'on s'en rende compte ou sans qu'on les considère comme tels. Si le dixième de ce que les tabloïds anglais rapportent des Français avait trait à des Juifs ou à des Noirs, ce serait la révolution et la ruine financière de ces medias orduriers. Curieusement, ce déballage malodorant n'est pas considéré comme raciste, et pourtant qu'est-ce d'autre ? En Belgique, il est interdit de

10. Struch, N. & Schwartz, S. (1989). Intergroup aggression : its predictors and distinctness from in-group bias. *Journal of Personnality and Social Psychology*, 56, pp. 364-373.

dire des Africains sub-sahariens ou des Maghrébins qu'ils sont des voleurs, des profiteurs et des paresseux (et un parti extrémiste flamand a été condamné pour ce genre de propos). Cette interdiction légale n'empêche nullement une vaste majorité des hommes politiques flamands, de partis extrémistes ou démocratiques, de tenir le même langage vis-à-vis des Wallons. C'est notamment ce type de réactions que j'inclus dans les racismes ordinaires.

Dans la mesure où les groupes susceptibles de souffrir de racisme se multiplient, il y a beaucoup de chances que nous soyons amenés à devenir racistes à l'encontre de l'un d'entre eux. Il ne serait pas possible de vivre dans l'harmonie avec n'importe quel groupe. Des idéologies nous séparent, des perceptions de menace nous mobilisent, des conflits d'intérêts matériels ou symboliques nous opposent. Cette thèse des racismes au quotidien ne plaira pas à tous. Certaines personnes étaient sans doute contentes, à juste titre, de ne pas éprouver de racisme pour les Noirs et les immigrés aux traits physiques distinctifs, et il leur sera difficile d'admettre que leur répugnance pour les obèses, leur peur des skinheads, leur mépris pour les Wallons, ou leur dégoût des nantis s'assimilent tout autant à du racisme. Il en sera de même pour ceux qui se disent « xénophobes et donc non racistes ». Il est évident que les deux termes sont pour moi des synonymes même si la xénophobie ne fait qu'insister sur un des processus à l'œuvre dans le racisme. C'est toujours *l'autre* qui est en cause.

Il est révoltant ou déprimant de se voir taxer de raciste mais, plutôt que de jouer à l'autruche, ne vaut-il pas mieux garder les yeux ouverts et affronter notre racisme pour le supprimer ou, sinon, le maintenir en connaissance de cause, sous son vrai nom, et non pas sous celui, presqu'inoffensif, d'antipathie ? On me rétorquera sans doute que ma thèse est absurde. « Vous vous moquez de ce que Goldhagen ait traité tous les Allemands de fascistes antisémites », direz-vous, « mais par ailleurs, vous estimez que tout le monde ou presque est un raciste potentiel et, pour faciliter les choses, vous estimez que n'importe quel groupe humain, ou presque, peut être racialisé. Dans quel monde de haine voulez-vous nous faire croire que nous vivons ? » Ma réponse est relativement simple. Tout d'abord, je ne racialise aucun groupe. C'est à défaut d'inspiration pour trouver un autre mot que j'utilise de manière générique le concept de racisme. Le terme recouvre déjà d'autres réalités comme le sexisme et le nationalisme. Pourquoi pas d'autres stigmatisations ? Enfin, en parlant de multitudes de racismes je ne change en rien la réalité du monde. J'utilise un mot à connotation désagréable là où on parle pudiquement d'antipathie, de désaccords, ou de haine. Ce n'est pas la réalité du monde qui change, c'est le mot pour la désigner. Ma thèse selon laquelle nous sommes presque tous racistes vis-à-vis d'un groupe quelconque n'est pas pessimiste, mais elle souhaite une prise de conscience des inégalités. Certaines personnes se définiront comme fondamentalement non racistes. Ce disant, elles pensent à certains groupes. On verra plus tard qu'on peut sincèrement vouloir ne pas être raciste et faire tous les efforts à cet effet, et être malgré tout un raciste qui s'ignore. Imaginons que les personnes soient réellement non racistes à l'égard de certains groupes, et de telles personnes existent en grand nombre, n'y a-t-il pas un danger de croire qu'on est automatiquement non raciste pour l'ensemble des groupes sociaux ? En d'autres mots, les efforts effectués pour ne pas être raciste à l'encontre de certaines cibles oblitèrent sans doute d'autres racismes travestis sous d'autres termes. La célèbre suffragette américaine Elizabeth Cady Stanton vilipendait pauvres, Indiens et Irlandais. Au nom de la lutte antisexiste, d'autres racismes semblaient justifiés. C'est la même remarque qu'a dû se faire un président d'une association pour déportés vers Auschwitz quand il a dû démissionner face au tollé suscité par sa proposition d'associer le génocide arménien à l'extermination juive. Ces exemples montrent que je ne crois pas que nous soyons tous racistes vis-à-vis d'un même groupe, comme le défend Goldhagen. Nous avons tous notre sensibilité, sans être mus par des antagonismes ancestraux, héréditaires.

***

Montrer que le racisme ordinaire est une vérité aussi plate qu'un paysage hollandais risque de provoquer des réactions semblables à des montagnes russes. Cris d'horreur devant l'impossible ou rires gras après un danger évité. Pourquoi de telles résistances ? Pourquoi nier l'évidence ? L'histoire montre une série de révolutions qui ont chaque fois descendu les hommes, ou certains d'entre eux, du piédestal où ils s'étaient eux-mêmes placés. Avec la révolution copernicienne, la Terre n'était plus le centre du monde. Avec la Déclaration des droits de l'homme, tous les hommes ont été déclarés égaux. Darwin a fait remonter les origines de l'homme aux primates. Freud a montré que l'inconscient pouvait dépasser en force le conscient. À chaque fois, l'image d'un homme noble, souverain même, a été ternie, et homme s'entend ici par opposition à femme. Pourtant, à chaque fois aussi, ce retour à l'humilité a fait progresser l'humanité. Nous ne sommes pas devenus davantage débiles parce que nos ancêtres vivaient dans les arbres, ni moins rationnels parce que nous découvrions notre inconscient. Je suis intimement persuadé qu'il en est de même pour le racisme. *Tant que nous n'admettrons pas le racisme au quotidien, nous ne parviendrons pas à le contenir*. Nier le racisme et en laisser l'exclusivité aux autres, c'est avoir tous les symptômes d'une maladie, mais préférer rester infecté par refus d'admettre la source des symptômes. Reconnaître son racisme ne relève pas d'une position fataliste ou pessimiste, il s'agit seulement de réalisme.

Chapitre 2
Aux origines du racisme

Il fut un temps, surtout au lendemain de la Seconde Guerre mondiale, où l'on a considéré le racisme comme un trouble de la personnalité. [1] En souffraient les gens qui avaient été éduqués dans un univers autoritaire d'interdits, où tout était, sans mauvais jeu de mots, blanc ou noir. Ces êtres sans colonne vertébrale rampaient ultérieurement devant toute autorité, et la découverte de personnes vulnérables, des boucs émissaires à haïr, leur servait de béquille. Dans ce chapitre, je voudrais montrer que, loin de cette image pathologique, le racisme correspond en réalité à des processus normaux.

Il y a d'abord lieu de comprendre que le monde, depuis l'individu jusqu'à la multitude la plus large, est guidé par deux réalités qui donnent lieu à un concept également inévitable pour la survie de l'espèce humaine. Les deux réalités sont l'*altruisme* et l'*ethnocentrisme*, et le concept est celui de *catégorisation*. Tout au long du livre, on saisira l'importance de ces trois notions. À ce stade, quelques lignes suffiront. L'altruisme fait appel à une sorte de bénévolat ou de coopération par lesquels nous nous aidons mutuellement. On verra tout de suite que nous avons besoin d'être entourés d'autres privilégiés. L'ethnocentrisme fait en sorte que nous privilégions notre groupe et que nous le protégions. Le racisme s'immisce lorsque la prédilection et la protection de son groupe sont accompagnées par le dénigrement et l'oppression d'un autre groupe. Ce glissement peut être provoqué par une infinité de facteurs comme par exemple la compétition économique ou le conflit idéologique. Altruisme et ethnocentrisme mettent déjà en lumière une première illustration de la catégorisation. Il y aura nous et les autres. Commençons par nous et notre groupe, ou endogroupe !

---

1. Adorno, T., Frenkel-Brunswik, E., Levinson, D., & Sanford, R. (1950). *The Authoritarian Personality*, New York : Harper.

NOUS

Le besoin d'autrui est fondamental pour l'être humain qui ne serait qu'un magna biologique sans la dépendance aux autres.[2] Cette dernière est la plus manifeste lors de l'enfance, mais elle ne s'arrête pas avec la puberté. Tout le monde a entendu parler des enfants-loups ou des enfants relégués pendant des années dans une étable ou un grenier. Tous, nous avons entendu que ces enfants n'atteindront jamais un niveau normal dans les domaines affectif et intellectuel et ce quels que soient les soins ultérieurs qu'ils recevront. L'absence de contacts privilégiés au début de leur existence aura été fatale. Ils vivront, mais leur vie n'aura pas la plénitude de celle d'un être humain élevé « normalement ». Il en est de même pour les enfants placés dans des orphelinats dont la qualité des soins se révèle déficiente. On y constatera un taux de mortalité et de maladie plus élevé que la moyenne. En outre, les orphelins y souffriront d'un retard intellectuel et psychomoteur ainsi que de troubles affectifs. Le manque de calories n'est pas essentiel puisque de tels troubles se rencontrent parfois dans des orphelinats bien approvisionnés. Ce n'est pas non plus que les puéricultrices manquent d'intelligence. En fait, elles n'ont pas le temps d'avoir des contacts fréquents avec les enfants et d'établir une relation privilégiée. Certains orphelinats l'ont bien compris et confient de petits groupes d'enfants à la garde de résidents débiles mais affectueux. Dans ces cas, les problèmes disparaissent !

Le besoin d'une relation privilégiée ne se cantonne pas à l'enfance[3]. Santés mentale et physique, crimes et suicides corrèlent avec l'harmonie conjugale. Mieux le couple s'entend, moins il y a de problèmes médicaux et psychologiques, et moins fréquents sont les crimes et suicides. Même si le divorce est parfois la meilleure des solutions, il est rarement vécu sans déchirements. Pour ceux qui en douteraient, les admissions dans les institutions psychiatriques aux États-Unis sont de 3 à 22 fois supérieures chez les personnes divorcées (et non remariées) que chez les personnes mariées et heureuses en couple.

Non seulement nous avons besoin d'interagir avec autrui, mais, en outre, il est indispensable que certaines de ces relations soient privi-

---

2. Leyens. J.Ph. (1977). *Psychologie sociale*, Bruxelles : Mardaga.
3. Baumeister, R. & Leary, M. (1995). "The need to belong : Desire for interpersonal attachments as a fundamental human motivation". *Psychological Bulletin.* 117, p. 497-529.

légiées. Si ce n'était le cas, les prisonniers de cellules surpeuplées et les responsables des relations publiques seraient les personnes les plus heureuses au monde. Les familles, conjoints, parents et enfants sont le plus bel exemple de relations privilégiées, et il est donc normal que la recomposition de plus en plus fréquente des familles amène divers spécialistes des enfants mais aussi des adultes à s'interroger sur ses conséquences possibles. Si, durant la petite enfance, l'univers des relations privilégiées avec autrui se limite souvent à la famille, il s'élargit avec l'âge. Ce seront les bandes de copains, les collègues de travail ou les membres d'un club de loisirs. Le pays auquel on appartient constitue aussi un de ces environnements privilégiés et les métaphores employées pour le désigner dans les hymnes nationaux ne sont pas innocentes : « Enfants de la patrie » *(La Marseillaise)*, « Ô Belgique, ô mère chérie » *(La Brabançonne)*. Le pays est souvent représenté comme la mère, ou le père comme en Allemagne, et les enfants sont des frères. Les hymnes nationaux nous font entendre que ces frères sont d'habitude des « frères d'armes ». Ils rappellent également qu'altruisme et ethnocentrisme sont des émules accoutumés l'un à l'autre.

Dans le même temps que s'élargit sa palette de groupes privilégiés d'appartenance (les endogroupes), l'individu se rend compte de la multitude de groupes étrangers (les exogroupes) : ceux qui restent en dehors du cercle familial, les garçons ou les filles, les autres classes ou écoles, les fans d'Amélie Nothomb ou de la *Star Academy*, les pays dont les habitants ne sont pas « nos » frères. C'est le fait même qu'existent des endogroupes privilégiés qui justifie la catégorisation d'autres groupes comme étrangers, comme exogroupes.

NOUS ET EUX

Beaucoup de personnes, notamment des psychologues sociaux, sont d'accord avec la nécessité d'interactions privilégiées mais réfutent la nécessité de distinguer le groupe d'appartenance des autres. Selon eux, il faudrait être citoyen du monde.[4] C'est une idée généreuse mais illusoire, à de rares exceptions près (Gandhi, Mandela ?). Nous avons besoin de catégoriser le monde dans lequel nous vivons. Celui-ci est

4. Nusbaum, M. C. (1999). *Cultivating Humanity*. Cambridge MA : Harvard University Press.

tellement complexe, il nous bombarde de tant d'informations que, pour y faire face, nous sommes dans l'obligation d'effectuer des catégorisations.[5] Soyons réalistes. Autour de nous, il y a des myriades de professions, de pays, de loisirs différents. Dire que la catégorisation est un processus indispensable pour penser le monde ne signifie pas pour autant que tous doivent le compartimenter de la même manière et le font effectivement. Peu importe. Ce qu'il y a de certain, c'est que la plupart des gens distinguent entre « eux » et « nous », et que cette distinction n'est pas innocente.

Si on nous demande notre préférence entre notre endogroupe et un exogroupe, et au vu de ce qui précède et explique notre sociabilité, il serait aberrant de répondre qu'on aime davantage l'exogroupe que l'endogroupe. Nous ne sommes pas biscornus et les psychologues sociaux appellent ce phénomène (quasi) universel le « biais de favoritisme endogroupal ». Pourquoi cette expression barbare ? Pourquoi parler de « biais de favoritisme » plutôt que, simplement, de favoritisme ?

Imaginez une classe d'élèves à la fin de leur parcours secondaire, c'est-à-dire des adolescents qui ont déjà tout un passé de vie en commun derrière eux. Un psychologue social européen très célèbre, Henri Tajfel, leur fait passer une expérience sans qu'ils s'en rendent compte. Il leur montre une série de paires de diapositives représentant des tableaux abstraits. Il les informe aussi qu'un des deux tableaux de chaque paire est de Klee et l'autre de Kandinsky et qu'il est intéressé à connaître leurs préférences. Il ne leur dit pas quel tableau a été peint par quel peintre mais il leur demande, pour chaque paire, d'indiquer quel tableau, celui de gauche ou de droite, ils ont préféré. Une fois la série de diapositives montrée, Tajfel ramasse les feuilles avec les préférences, fait semblant de les corriger et appelle un à un chaque élève en lui glissant à l'oreille : « Tu es dans le groupe des Klee ». Tout le monde se retrouve donc dans le groupe des Klee, mais chacun pense qu'il y a des Kandinsky et personne ne sait dans quel groupe sont ses voisins. Ce petit rituel accompli, Tajfel distribue à tous les élèves un carnet avec des points à répartir entre les membres du groupe Klee et du groupe Kandinsky. Voilà donc des élèves qui se connaissent depuis longtemps, qui croient faire partie des Klee plutôt que des Kandinsky alors que peu leur importe la peinture abstraite, qui ignorent qui est

---

5. Leyens, J.Ph. (1983). *Sommes-nous tous des psychologues ?* Bruxelles : Mardaga.

dans quel groupe, et qui doivent maintenant allouer des points à des membres de chaque groupe.

L'agencement des points sur le carnet avait été soigneusement élaboré par le psychologue français, Claude Flament, de manière à mettre en évidence diverses stratégies de répartition. Pour des yeux naïfs, les stratégies choisies se révélèrent parfois saugrenues. Je me contenterai d'en résumer une seule. Sur une des pages du carnet, il était possible de donner à peu près le même nombre, modéré, de points à chaque groupe, ou d'en donner de manière à ce que son groupe en reçoive beaucoup mais moins que le groupe Kandinsky, ou enfin, de s'en attribuer peu mais plus qu'à l'autre groupe. C'est cette dernière stratégie, apparemment aberrante, qui est choisie. Les élèves préfèrent donner moins de points que possible à leur groupe pour autant qu'ils en reçoivent davantage que l'autre groupe. Malgré la catégorisation minimale, voire absurde, imaginée par Tajfel, les élèves l'ont adoptée et ont manifestement distingué ce qui leur revient de ce qui peut échoir aux autres.

Tajfel ne s'attendait pas à un tel favoritisme au sein d'un groupe solide, la classe, qu'il avait subdivisée en deux groupes artificiels, dits « minimaux ».[6] Polonais d'origine, il avait sans doute oublié la blague qui s'entend dans les Pays d'Europe de l'Est. Dieu s'adresse à Vladimir en lui demandant de formuler un vœu qu'il réalisera sur le champ. « Mais, attention, dit Dieu, ce que tu me demanderas, je le donnerai en double à ton voisin. » Vladimir réfléchit, les rides de son front se creusent. Le problème est délicat. Tout à coup, Vladimir trouve la solution : « Enlevez-moi un œil. »[7]

BIAIS DE FAVORITISME ENDOGROUPAL

Le favoritisme pour le groupe d'appartenance peut donc prendre des allures irraisonnables, et c'est pourquoi on le qualifie de biais. Un biais dont les illustrations sont légion. En voici quelques-unes. Un match de football américain avait eu lieu entre les universités rivales de Princeton

---

6. Tajfel, H., Billig, M. C., Bundy, R. P., & Flament, C. (1971). Social categorization and intergroup behavior. *European Journal of Social Psychology*, 1, pp. 149-178.

7. Sidanius, J., & Pratto, F. (1999). *Social Dominance*. New York : Cambridge University Press.

et de Dartmouth. Le jeu ne fut pas des plus pacifiques mais la relation journalistique des faits différait selon que le périodique émanait de l'une ou l'autre université. Étonnés par cette différence, Hastorf et Cantril imaginèrent de faire visionner le film du match par des étudiants de Princeton et de Dartmouth.[8] Les spectateurs devaient signaler les fautes et leur gravité. Chacun favorisa son université au point que l'on pouvait croire que les gens avaient vu deux matchs différents. D'autres chercheurs[9] sélectionnèrent l'information télévisée la plus neutre et objective possible concernant le conflit Israëlo-Palestinien, ce qui fut attesté par les réactions d'étudiants américains au courant du conflit mais sans idées partisanes. Toutefois, lorsque les auteurs la montrèrent à des pro-israéliens et à des pro-palestiniens, tous réagirent négativement, estimant que la sélection était biaisée en faveur de l'autre groupe. Dans d'autres études encore, les individus sont plus tolérants vis-à-vis d'un comportement ambigu effectué par un membre de leur groupe que de l'autre : une bourrade amicale dans le cas d'un membre de son groupe devient une attaque vicieuse quand elle implique quelqu'un de l'autre groupe. L'illustration que je préfère a été malheureusement souvent d'actualité ces dernières années mais vieillissons-la par souci de neutralité.[10] Les raids d'intimidation en début de guerre comme la Blitzkrieg sur Londres ou le bombardement de Pearl Harbour, l'histoire nous l'apprend, sont de vastes échecs qui n'atteignent pas l'objectif, qui est de faire peur, de faire céder l'adversaire. Ces raids unissent les cibles, les font réagir, contre-attaquer et, avec Churchill, on dira qu'ils ne sont pas le début de la fin mais la fin du début. On tiendra ce raisonnement si c'est notre groupe ou un allié qui est victime de telles attaques mais, curieusement, on sera d'accord avec celles-ci si c'est nous ou nos alliés qui les menons. Le bombardement de la Serbie illustre la véracité de cette asymétrie au niveau perceptif. Dans l'ensemble, les Occidentaux étaient d'accord à propos de ces bombardements, présentés comme une victoire au point que Milosevic allait être renversé et remplacé par un politicien plus modéré. Les noms des

8. Hastorf, A. H., et Cantril, H. (1954). They saw a game : A case study. *Journal of Abnormal & Social Psychology*, 49, pp. 129-134.

9. Vallone, R. P., Ross, L., & Lepper, M. R. (1985). The hostile media phenomenon : Biased perceptions of media bias in coverage of the Beirut massacre. *Journal of Personality and Social Psychology*, 49, pp. 577-585.

10. Rothbart, M. & Hallmark, W. (1988). In-group and out-group differences in the perceived efficacy of coercion and conciliation in resolving conflicts. *Journal of Personality and Social Psychology*, 55, pp. 248-257.

candidats potentiels circulaient déjà. Or, Milosevic est longtemps resté en place. Il a muselé les médias d'opposition. Les bombardements lui ont permis d'envahir le Kosovo et d'y faire commettre les pires atrocités. C'était la Blitzkrieg en Serbie. En bref, ce que nous faisons est bien et dû à nos capacités, alors que nos échecs éventuels sont redevables de la contingence, comme pour la Serbie. Ce que font les autres est moins bien et dû à la chance, tandis que leurs échecs, à Pearl Harbor par exemple, s'expliquent par la sottise.

J'ai essayé d'échelonner les exemples de manière à montrer que la préférence normale pour son groupe d'appartenance, le favoritisme endogroupal, n'était pas toujours innocent, qu'il s'agissait bien d'un biais, et que ce dernier pouvait déraper pour s'accompagner du dénigrement de l'exogroupe [11].

ETHNOCENTRISME ET DÉVALORISATION DES EXOGROUPES

Avant d'aborder de plain-pied le dénigrement de l'exogroupe, et sa différence du favoritisme de l'endogroupe, voici un exemple de dérapage alors que l'intention de départ était manifestement altruiste, avec l'intention de rendre les gens heureux dans des pays démocratiques. Je l'emprunte à l'excellent livre *Nous et les autres* de Todorov [12] quand il rend compte de la tentative d'Auguste Comte de créer une société démocratique mondiale. Le philosophe-sociologue français du XIXe siècle, souvent présenté comme un des grands-pères de la psychologie[13], rêvait d'une société unique : il prônait un universalisme humaniste. À cette fin, il fallait décrire le contenu et le modèle de cette société unique. Comte envisagea un programme en plusieurs étapes. La première aurait lieu en France, « noyau de l'Humanité ». Ensuite, le programme s'étendrait à l'Occident représenté par l'Espagne, l'Angleterre, l'Allemagne et l'Italie. Un comité de trente hommes représentant ces différents pays serait mis en place, auxquels s'ajouteraient six dames d'élite, deux Françaises et une de chaque autre

11. Brewer, M. B. (1999). The psychology of prejudice : Ingroup love or outgroup hate ? *Journal of Social Issues*, 55, pp. 429-444.

12. Todorov, T. (1989). *Nous et les autres : la réflexion française sur la diversité humaine*. Paris : Seuil.

13. Je parle de « grand-père » car Auguste Comte est considéré comme un des pères fondateurs de la sociologie et que sa sociologie a fondé la psychologie.

branche occidentale. Après l'Occident viendraient les Amériques, les pays de l'Est et l'Asie. L'Afrique terminerait le programme. « Ce que la France aura été à l'Occident, l'Occident le deviendra à l'univers. » Le choix d'Auguste Comte n'est pas innocent. L'auteur déborde de bonnes intentions mais son universalisme est d'abord une assimilation aux valeurs françaises, l'endogroupe de Comte.

Dans les pays anglo-saxons, l'expression « *color-blindness* » (cécité des couleurs) désigne le souci de considérer les membres d'un autre groupe que le sien (autre couleur) comme des individus égaux et semblables à ceux de son propre groupe. Malheureusement, l'individualité et l'égalité sont souvent éclipsées par la similitude, au point qu'il n'est pas rare que des Noirs doivent entendre de leurs compagnons blancs des remarques comme : « Je ne m'étais même jamais rendu compte que tu étais noir. » Ce commentaire est bien intentionné mais désastreux. Vous, un homme, allez-vous dire à une femme : « Je vous avais toujours prise pour un homme » ? Car c'est à cette substitution qu'une telle cécité des couleurs renvoie. Ne pas voir que l'autre est noir, c'est l'assimiler à un Blanc. [14] Cette assimilation est à sens unique. Elle va du plus faible au plus fort, et il n'est pas étonnant que les membres des groupes les plus faibles, encouragés ou forcés à se fondre dans le groupe dominant, la vivent comme une preuve de racisme. Avec son emphase sur l'individualité et l'égalité, l'idéologie « *color-blind* » veut décourager le racisme, mais il est fréquent que l'individualité et l'égalité se réduisent souvent pour les membres du groupe majoritaire à une similitude à eux. « Soyez comme nous, et vous serez nos égaux. » Si cette phrase ne vous choque pas quand il s'agit de Noirs ou d'immigrés, essayez de l'appliquer à des Juifs, à des personnes de l'autre sexe ou d'une autre orientation sexuelle que la vôtre. Pour une femme musulmane, porter le voile peut relever de différentes motivations. Ceux qui l'interdisent ont aussi des raisons très variables mais, quel que soit le bien-fondé de ces dernières, le résultat est un décret d'assimilation. Or, toutes les études menées dans quantité de pays ont montré que plus on désire que les « autres » s'assimilent, plus on détient de préjugés racistes à leur égard. [15] Nous reviendrons à ce problème dans le chapitre consacré aux préjugés.

---

14. Mon observation ici renvoie à des adultes, et fait exception pour les remarques des enfants citées dans le premier chapitre.

15. Maquil, A., Demoulin, S. & Leyens, J. Ph., (2009). Strategies for prejudice reduction : The norms of nondiscrimination. In Demoulin, S. Leyens, J. Ph., & Dovidio, J. F.

L'exemple de Comte n'illustre pas que la cécité aux différences. Il est l'exemple parfait de ce que Sumner baptisa en 1906 « ethnocentrisme ». Dès l'enfance, nous avons besoin d'autrui, de relations privilégiées que nous trouvons dans notre groupe d'appartenance. Celui-ci nous baigne dans des habitudes, des normes, des valeurs, et la rencontre avec un autre groupe possédant d'autres habitudes, normes et valeurs nous le fera juger à l'aune de ce qui nous est familier. Notre groupe (*ethnos*, en grec ancien) est le centre (centrisme) de l'univers. Il représente ce qui est bon, ce qui est meilleur, et tout écart par rapport à ce modèle sera, au mieux, l'objet de risée ou de mépris. L'ethnocentrisme est une inclination universelle, une inéluctabilité. Lorsque Comte prend la France, issue de la Révolution, fière de sa Déclaration des droits de l'homme, comme modèle de démocratie, il se montre paternaliste à l'égard des autres nations s'échelonnant sur un continuum d'humanité (sans parler de la différence entre les sexes). Je l'ai souligné : Auguste Comte se voulait un humaniste universaliste, mais on finira par le juger comme une dame patronnesse (raciste) de la démocratie.

Lors de leurs rencontres avec d'autres cultures, beaucoup de personnes n'ont pas les élans philanthropiques d'un Comte. Le psychologue austro-écossais Gustav Jahoda [16] a consacré de nombreux travaux aux représentations que les premiers explorateurs se sont faites des sociétés qu'ils rencontraient. Trois images résument ces représentations : bestialité, monstruosités (bizarreries ou plutôt aberrances anatomiques) et sexualité débridée. S'y ajoute parfois celle d'infantilisme. En d'autres mots, l'autre est tellement différent qu'il est difficilement concevable qu'il appartienne à l'espèce humaine, si ce n'est sous la forme d'un sous-être à montrer dans les foires.

Avec ces représentations de « sauvages », nous voilà prêts à aborder le dénigrement de l'autre, mais d'abord deux mots de précaution. J'emploierai systématiquement le terme modéré de dénigrement de l'exogroupe quand je voudrai présenter ce dernier négativement. En effet, le racisme peut s'exprimer et se ressentir aussi bien avec haine qu'avec condescendance ou paternalisme, mais dans tous les cas, l'autre groupe est dévalorisé ou dénigré. La deuxième précaution a trait à la liaison entre dénigrement exogroupal et favoritisme endogroupal.

(Eds.), *Intergroup Misunderstandings : Impact of Divergent Social Realities*. New York : Psychology Press.

16. Jahoda, G. (1999). *Images of Savages*. London : Routledge.

Ce n'est pas parce qu'ils vont souvent de pair que favoritisme du groupe d'appartenance et dénigrement de l'autre doivent être confondus. Je préfère mes enfants et petits-enfants à mes neveux et petites-nièces sans avoir aucune animosité, que du contraire, à l'encontre de ces derniers. Je ferai plus facilement des cadeaux à ma famille qu'à une autre, mais il ne me viendrait pas à l'esprit de vouloir spolier cette dernière pour favoriser la première. Rappelez-vous l'étude des « groupes minimaux » avec la préférence pour Kandinsky ou Klee. Les participants « discriminaient » en faveur de leur groupe puisqu'ils choisissaient de recevoir plus de points que l'autre groupe quitte à en perdre en chiffres absolus. Cela ne signifie pas pour autant que les gens sont prêts à nuire à l'autre groupe. Lorsque les points, l'argent ou des qualités sont remplacés par des punitions ou des tares, le favoritisme pour l'endogroupe disparaît. L'exogroupe n'est pas davantage puni par des retraits d'argent, et il n'est pas non plus davantage caractérisé par des adjectifs particulièrement déplaisants.[17] Certains se demanderont certainement pourquoi mettre des guillemets à « discrimination » lorsqu'on donne plus de points à son groupe qu'à l'autre ? N'est-ce pas là une discrimination réelle ? Dans la mesure où je privilégie mon groupe, où je lui donne davantage, ne suis-je pas en train de priver l'autre groupe ? Si je suis ministre fédéral des Transports en Belgique et décide que les nuisances sonores près des aéroports affecteront uniquement les francophones et non les Flamands, ne s'agit-il pas de discrimination sans guillemets ? La réponse à cette dernière question est positive, mais l'exemple est différent des précédents. Dans le cas des nuisances sonores, on est dans ce qui est traditionnellement appelé une situation « à somme nulle », dans laquelle ce qui est accordé à l'un est retranché à l'autre. Or, l'expérience Klee-Kandinsky, avec ses carnets d'allocations stratégiques de points, avait été spécialement conçue de manière à éviter la situation de « somme nulle ». On ne se trouvait à aucun moment dans un contexte aux ressources limitées où le moindre choix en faveur de l'un impliquait nécessairement la spoliation de l'autre. J'offre plus facilement un cadeau à ma famille qu'à mes voisins, ce qui ne veut pas dire que ce cadeau a épuisé ma générosité et mon portefeuille et que, dans l'obligation d'un choix, j'ai agi de manière tribale. La nuance, importante, devrait s'éclaircir avant la fin de ce chapitre.

---

17. Mummendey, A., & Otten, S. (1998). Positive-negative asymmetry in social discrimination. *European Review of Social Psychology*, 9, pp. 107-143.

Selon moi, et quitte à caricaturer quelque peu, la meilleure illustration de la différence entre favoritisme de l'endogroupe et dénigrement de l'exogroupe est représentée par la distinction entre patriotisme et nationalisme.[18] Un aspect essentiel du patriotisme est l'amour de son pays. Le patriote est fier de son pays, qui est le plus beau, le meilleur; éloigné, il en éprouve de la nostalgie. J'adore les îles Canaries, auxquelles je trouve toutes sortes de qualités, mais je resterai « un Belge ». Aux États-Unis, mon épouse et moi avons vite appris à fuir le contact d'un groupe de Suisses parce que rien de ce qu'ils rencontraient ne valait ce qu'il y avait en Suisse; nous étions persuadés que leur réaction eut été la même si nous nous étions trouvés en Autriche. Pour nous, c'étaient des nationalistes qui étaient non seulement fiers de leur pays, comme les patriotes, mais qui ne pouvaient s'empêcher de jeter un regard dédaigneux sur les autres pays. Le patriotisme, c'est le favoritisme de l'endogroupe. Le nationalisme, c'est brandir au plus haut la coupe de son groupe en piétinant l'exogroupe.

Lorsqu'on traverse les États-Unis, on est toujours frappé par le nombre d'habitations privées qui arborent drapeau et aigle américains. C'était un doux étalage avant les attentats du 11 Septembre. Ceux-ci ont vu pousser des forêts de drapeaux américains sur les voitures, aux fenêtres, aux poings, sur les pelouses familiales. Depuis lors, chaque classe d'école en Floride doit arborer l'emblème national. Ces multitudes de drapeaux en ont étonné plus d'un et choqué d'autres. Est-ce un signe de patriotisme ou de nationalisme? Est-ce le symbole du chagrin qui unit un peuple ou de la haine envers ceux qui ont osé le braver? On voit ici pourquoi je parlais d'exemple caricatural quelques lignes plus haut. Théoriquement, il est facile de distinguer patriotisme et nationalisme, surtout si l'on ne s'attache pas aux nuances, mais dans la pratique, la différence est souvent aussi mince qu'une feuille de papier à cigarettes. Pour beaucoup de gens, l'amour de la mère patrie est un jeu à somme nulle et quand ils disent que leur pays est le meilleur, ils sous-entendent que les autres ne valent pas grand-chose.

En fait, dans la vie de tous les jours, il est difficile de ne pas allier favoritisme de l'endogroupe et dénigrement de l'exogroupe. En voici deux exemples célèbres.

---

18. Kosterman, R., & Fesbach, S. (1989). Toward a measurement of patriotic and nationalist attitudes. *Political Psychology*, 10, pp. 257-274.

LA CLASSE DIVISÉE DE JANE ELLIOTT

Une institutrice américaine, Jane Elliott, s'est rendue célèbre avec une « expérience » qu'elle a pris l'habitude de mener avec sa classe durant deux jours consécutifs [19]. L'idée lui est venue à la mort de Martin Luther King quand elle fut horrifiée par les réactions paternalistes, racistes, des Blancs vis-à-vis des Noirs. Dès le lendemain, elle décida de diviser sa classe en deux groupes en fonction de la couleur des yeux des enfants. Ceux aux yeux bleus bénéficieraient de divers avantages qui seraient refusés aux yeux bruns. Jane Elliott exaspéra la différence entre les deux groupes en soulignant les qualités des enfants aux yeux bleus, en épinglant les faiblesses d'enfants aux yeux bruns, en rappelant des épisodes que les élèves avaient rapportés antérieurement et qui valorisaient les yeux bleus ou qui diminuaient les yeux bruns. Le lendemain, la situation était renversée. Maintenant, c'était les enfants aux yeux bruns qui recevaient l'attention et les félicitations de Jane Elliott alors que les yeux bleus étaient ridiculisés. Cette expérience est terrible dans la mesure où, en quelques heures, Jane Elliott parvient à mettre à mal de longues amitiés, à faire perdre leurs moyens intellectuels aux enfants momentanément défavorisés, à induire des comportements « fascistes » chez les dominants – comme le dira l'un d'eux une fois devenu adulte – et « apathiques » chez les victimes. À la fin de ces deux journées atroces, l'institutrice expliquait longuement le pourquoi de son comportement. Elle en profitait pour faire comprendre aux enfants ce que devaient ressentir ceux qui étaient quotidiennement discriminés, non à cause de la couleur de leurs yeux mais de leur peau. Somme toute, disait-elle avec des mots plus convaincants, vous êtes ethnocentriques ; vous voyez tout de votre point de vue et vous ne vous rendez nul compte que vous traitez les autres de manière indigne.

Cette expérience, répétée d'année en année, s'est déplacée de l'école vers la prison. Cet endroit a la particularité d'une surreprésentation des Noirs américains, donnant l'impression que ceux-ci ne sont bons qu'à être mis derrière des barreaux. Le travail de Jane Elliott se fait non pas avec les prisonniers mais avec les employés et gardiens de pénitenciers. Parmi ce personnel, il y a évidemment des personnes de différentes ethnies, caucasienne, asiatique et noire. L'astuce est de donner

---

19. www.mrax.be/spip.php ?article290. *Petite leçon de discrimination appliquée.* Mouvement contre le racisme, la xénophobie et le racisme.

l'avantage aux yeux bruns, c'est-à-dire de préférence à des membres de minorités ethniques. Dans le cadre d'un séminaire de formation, Jane Elliott s'arrange pour appliquer aux personnes aux yeux bleus les stéréotypes généralement attribués aux Noirs : paresseux, irrespectueux, cool, etc. Jane Elliott a suffisamment d'expérience pour, en très peu de temps, réussir à isoler psychologiquement les deux groupes. Ironiquement, quand elle demande aux yeux bruns les caractéristiques des yeux bleus, ils n'ont aucune hésitation à leur donner les stéréotypes qu'eux-mêmes endurent dans leur vie quotidienne. Jane Elliott sait aussi être sarcastique. À une jeune femme qui dit avoir deux neveux aux couleurs d'yeux différentes préférer celui aux yeux bruns et espérer avoir des enfants aux yeux bruns, elle demande si elle est mariée. La réponse étant négative, la réplique fuse : « Choisissez bien le père ! » La tactique de Jane Elliott est de s'en prendre à quelques boucs émissaires aux yeux bleus et, étrangement, les autres « yeux bleus » laissent faire. Comme ils l'expliqueront eux-mêmes quand Jane Elliott discutera avec eux de son objectif pendant le séminaire, au moins avaient-ils la vie tranquille pendant qu'elle s'en prenait à l'une ou l'autre « tête de Turc ».

Les expériences de Jane Elliott n'ont rien de scientifique mais elles constituent de cruelles illustrations de la facilité avec laquelle, en catégorisant et exacerbant l'ethnocentrisme d'un groupe, on fabrique du racisme. Tous les ingrédients sont présents en quelques minutes : stéréotypes, préjugés et discriminations. On y reviendra dans les chapitres suivants. Selon toute apparence, les manifestations de racisme ne sont pas perturbées par l'habitude d'être soi-même une victime. Une telle réaction peut sembler bizarre. Être journellement stigmatisé ne vous dégoûte-t-il pas de l'horreur de la discrimination et ne vous enseigne-t-il pas la tolérance ? Il suffit malheureusement de suivre n'importe quel journal télévisé pour apprendre que les victimes d'hier sont souvent les bourreaux d'aujourd'hui. Si vous voulez des preuves davantage scientifiques, sachez que, parmi les minorités, ce sont souvent les membres les plus favorables à l'égalité qui discriminent le plus en faveur de leur nouveau groupe. Le cas des femmes est typique : celles qui réussissent empruntent bien souvent les valeurs des hommes ![20]

---

20. Ellemers, N., & Barreto, M. (2009). Maintaining the illusion of meritocracy : How men and women sustain gender inequality at work. In Demoulin, S. Leyens, J. Ph., & Dovidio, J. F. (Eds.), *Intergroup Misunderstandings (op. cit.)*.

LES CAMPS DE VACANCES DE SHERIF

Depuis longtemps, les psychologues ont cherché à savoir ce qui déterminait l'ethnocentrisme. Les recherches de Muzafer Sherif sont particulièrement révélatrices à ce propos. Pendant plusieurs années, cet auteur a organisé des colonies de vacances pour adolescents américains blancs, protestants, venant d'un milieu homogène. Sherif et ses collaborateurs[21] ont à chaque fois découpé les vacances en quatre périodes : l'installation dans le camp, la compétition intergroupes, la coopération, et la coopération qu'ils appellent supra-ordonnée. La période d'installation a varié suivant les années. Soit l'ensemble des enfants était acheminé en groupe vers le domaine qui servait de colonie de vacances et, pendant la première semaine, ils ne formaient qu'un seul groupe. Pendant ce temps, les psychologues observaient la culture qui s'installait dans le groupe et notaient soigneusement les affinités entre adolescents. À la fin de cette première semaine, les enfants étaient divisés en deux équipes en prenant soin de casser les affinités. Les amis se retrouvaient alors dans des groupes différents. Dans un autre scénario, les enfants arrivaient dans deux cars séparés et, dans l'ignorance les uns des autres, ils étaient installés dans deux endroits éloignés de la colonie de manière à ne pas se rencontrer. À nouveau une semaine s'écoulait pendant laquelle les chercheurs relevaient les réseaux d'amitié, les habitudes de chaque groupe et l'identité des chefs. À la fin de la semaine, les chercheurs prévenaient chaque groupe de l'existence de l'autre équipe. On voit poindre ici la manipulation de la catégorisation. Il y a deux groupes plutôt qu'un seul comme on le croyait.

La seconde période de vacances consistait en jeux classiques de compétition comme en trouve dans n'importe quelle colonie de vacances sauf que les psychologues observaient systématiquement les comportements des enfants. Une agressivité immédiate explosait entre les deux groupes. En fait, dans le scénario où chacune des équipes ignorait la présence de l'autre, la simple mention de son existence suffisait à déclencher des propos hostiles. Toutes sortes de règles spontanées s'installèrent pour gérer victorieusement le conflit. Dans un groupe, par exemple, le chef fut détrôné et remplacé par un autre parce

21. Sherif, M., Harvey, O. J., White, B. J., Hood, W. R. , & Sherif, C. W. (1961). *Intergroup Conflict and Cooperation. The Robbers Cave Experiment.* Norman : University of Okahoma Book Exchange.

qu'il convenait en temps de paix mais non en période de conflit. Les équipes prirent des noms de guerre comme « les Aigles » ou « les Serpents à sonnettes ». La communication avec les adolescents de l'autre groupe, souvent d'anciens amis, était strictement bannie. Une sorte d'autisme groupal avait cours : c'était faire preuve de trahison que de parler avec l'ennemi.

La troisième période de vacances avait pour but de ré-harmoniser les relations entre groupes. Dans ce dessein, les chercheurs organisèrent toutes sortes d'activités coopératives comme, par exemple, assister à une séance de cinéma. On alla même jusqu'à donner des « homélies » sur le respect de l'autre pendant le service religieux. Rien n'y fit, le conflit restait identique. Une collaboration pour une cause commune se muait automatiquement en compétition : c'était à qui avait le mieux travaillé. Les attaques de cabanes de chaque groupe se poursuivaient ; la cantine servait de terrain de lancement et d'atterrissage de bombes nutritives, les noms d'oiseaux volaient bas, etc.

Enfin, durant la quatrième et dernière période, Sherif et son équipe s'arrangèrent pour induire ce qu'ils baptisèrent une coopération supra-ordonnée, c'est-à-dire une coopération ne pouvant aboutir sans collaboration entre les deux groupes. Par exemple, le camion de ravitaillement tombait comme par hasard en panne au milieu d'un gué et il fallait les bras des deux groupes pour l'en sortir. Ou bien la canalisation d'eau du domaine présentait tout-à-coup des problèmes et la collaboration des deux équipes était indispensable pour en venir à bout. Pendant cette dernière période, on vit réapparaître les anciennes amitiés ; les batailles entre groupes diminuèrent d'intensité et c'est ensemble, dans le même autobus, que les adolescents rentrèrent chez eux. Ce furent de belles vacances !

Racontés de cette façon, les événements des colonies de vacances de Sherif ressemblent à ceux de n'importe quel camp de vacances. Celui qui en a fait l'expérience est certainement persuadé qu'il n'y avait rien de spécial dans l'agencement imaginé par Sherif. C'est enfantin, diront d'aucuns, et à mille lieux de la gravité de situations vécues journellement. C'est un scénario pour livre, comme *Sa Majesté des mouches* de W. Golding (1954), diront d'autres, mais la vie n'est pas un roman. Peut-être, mais Golding ne fut pas inspiré par Sherif, et les études de ce dernier furent reproduites auprès d'adultes avec les mêmes résultats, au point que Sherif fut amené à servir d'expert aux Relations internationales des États-Unis. Toujours on assista à la même dynamique. La compétition engendrait le conflit ; la coopération simple ne changeait rien à la situation conflictuelle, et l'harmonie entre groupes en tension, comme les appelle Sherif dans le titre d'un de ses livres[22], nécessite une coopération dont le succès dépend de la mise en commun des ressources de chaque protagoniste.

Au-delà de la banalité des situations, les colonies de Sherif ont testé des questions théoriques essentielles, et les résultats ont des implications importantes pour la vie quotidienne, voire pour les relations internationales. Selon Sherif, nous vivons dans un monde aux ressources limitées. Cette limitation entraîne une compétition et des conflits. Quand il s'agit d'adolescents et de leurs jeux, il n'y a qu'une équipe qui peut gagner et remporter le trophée. Cette situation n'est pas tellement différente du contrôle de l'accès à l'eau dans beaucoup de pays, par exemple. Ce n'est sans doute pas de manière innocente qu'Israël se positionne sur les territoires les mieux irrigués de la Palestine. Et ce n'est pas pour rien qu'existe un comité international pour une convention mondiale de l'eau.

Outre cette compétition pour des ressources limitées, un autre aspect crucial de la théorie de Sherif est que le contact entre groupes est loin de suffire pour éviter les conflits. De nombreux auteurs, notamment ceux inspirés par le courant des Relations humaines issu des travaux de Lewin, ont longtemps défendu l'idée que le contact entre groupes entraînait l'harmonie parce qu'il permettait une meilleure connaissance de l'autre, et que l'ethnocentrisme était le produit de l'ignorance. Ce que les expériences de Sherif montrent pendant la période dite de collaboration ordinaire, c'est que le contact peut à lui seul envenimer les relations entre groupes. Rappelez-vous que la simple mention d'un autre groupe suffisait pour déclencher l'agressivité dans la colonie de vacances. Cette réaction illustre à la perfection la différence entre le contact interpersonnel et le contact intergroupe. En effet, donnez à quelqu'un de l'information concernant une autre personne pour qu'il puisse l'évaluer ou donnez-lui la même information en le prévenant qu'il devra rencontrer cette personne, vous verrez que l'évaluation sera

22. Sherif, M. & Sherif, C. W. (1953). *Groups in Harmony and Tension*. New York : Harper.

plus favorable dans le second cas que dans le premier.[23] L'anticipation du contact suffit donc à concevoir autrui sous un jour plus favorable. Cet optimisme correspond à une illusion aussi adaptative que raisonnable ; tant qu'à interagir avec quelqu'un, mettons-nous dans les meilleures dispositions vis-à-vis de cet individu pour que l'interaction soit la plus agréable possible. Il en va tout autrement quand des groupes sont en cause. Il suffit qu'une directive ministérielle dirige des immigrés vers un petit village tranquille pour que les habitants de celui-ci développent immédiatement des réactions de défense. Avant cette annonce, ils prenaient le parti des sans papiers mais, du jour au lendemain, les voilà beaucoup plus ambivalents. Il suffira d'un incident pour transformer cette ambivalence en antipathie. La rubrique des faits divers dans les quotidiens se repaît de ce genre d'événements, et soyons contents quand ils ne méritent que cette rubrique plutôt que la une du journal.

Attention, les dangers du contact ne signifient pas pour autant que celui-ci alimente nécessairement le racisme. Que du contraire ! Au moment de passer en revue les stratégies susceptibles de contrecarrer le racisme, on verra que le contact peut parfois s'avérer efficace. Traditionnellement, on a considéré que, pour être capable de lutter contre le racisme, le contact devait concerner des personnes de statut égal, échappant à la réputation négative de leurs groupes respectifs, et collaborant avec la bénédiction des institutions et de la société. On verra que ces conditions sont souvent utopiques. En place de contact, il vaudrait mieux parler de « dé-provincialisation ». Cette curiosité qui provoque l'ouverture est étrangère à la peur de la diminution des valeurs immobilières avec l'arrivée d'étrangers dans le quartier, tout comme elle est fondamentalement différente de la découverte de marchés locaux à l'entrée d'hôtels réservés aux touristes.[24]

Une troisième composante essentielle de la théorie de Sherif a trait à la collaboration supra-ordonnée. Selon Muzafer Sherif, les groupes interagiront de manière harmonieuse quand ils seront obligés de collaborer pour atteindre un objectif commun. On peut se demander si cette collaboration supra-ordonnée ne revient pas à définir autrement son

---

23. Homans, C. G. (1961). *Social Behavior. Its Elementary Forms*. New York : Harcourt, Brace & World.

24. Pettigrew, T. F, & Trope, L. R (2006). A meta-analytic test of intergroup contact theory. *Journal of Personnality and Social Psychology*, 90, pp. 751-783.

groupe[25]. Durant la compétition, il y avait « eux » et « nous ». Maintenant, avec la collaboration supra-ordonnée, il n'y a plus qu'un seul groupe. C'est ce qu'essaie de faire l'Europe. Personne ne niera que l'entreprise est aussi audacieuse que difficile… surtout parce qu'elle s'élabore en temps de paix. Il est beaucoup plus aisé de se forger une nouvelle identité – communautaire – devant un ennemi commun. Dans ces moments, les groupes se soudent au point de se montrer intransigeants vis-à-vis des déviants ; aucune fêlure n'est permise. Après les attentats du 11 Septembre à New York ou ceux du métro londonien, il fallait être extrêmement courageux, voire inconscient, et un parlementaire peu soucieux de clientélisme pour s'opposer à la guerre contre le terrorisme et dénoncer ses buts véritables. Quand il n'y a pas de raison de faire bloc, les groupes ont la fâcheuse tendance à s'entre-déchirer pour des richesses limitées. Au moment de voter la constitution européenne, c'est un mouvement politique français habituellement progressiste qui a brandi la menace du plombier polonais qui allait priver tous les travailleurs vraiment français d'emplois. Pire, un éminent pourfendeur du « racisme » qu'on préfère garder anonyme a trouvé bon d'écrire dans un journal de gauche que le slogan du plombier polonais reflétait une simple crainte pécuniaire sans relent de xénophobie. À cette aune-là, il est évident qu'il y a peu de racistes.

On peut conclure de ces quelques exemples que le biais de favoritisme de l'endogroupe et la dérogation de l'exogroupe sont comme un rhume en hiver. Ils ne sont pas inéluctables mais ils sévissent presque toujours. Je voudrais proposer maintenant l'idée que les deux phénomènes partagent des aspects complémentaires d'une même fonction, c'est-à-dire la protection de l'endogroupe.

PROTÉGER SON GROUPE

Être citoyen du monde, le groupe supra-ordonné par excellence, est un idéal noble, qui devrait être sans cesse encouragé mais il ne faudrait pas tomber dans l'angélisme et croire que cette citoyenneté spéciale abolira la prédilection pour son groupe d'appartenance. Peut-être certains individus sont-ils capables d'un amour indifférencié pour l'humanité dans sa globalité, mais ils sont assurément des exceptions dotées de

25. Gaertner, S. L., & Dovidio, J. F., (2000). *Reducing Intergroup Bias. The Common Ingroup Identity Model.* Hove : Psychology Press.

pouvoirs remarquables. L'harmonie avec soi, on l'a vu, passe par le groupe d'appartenance. Celui-ci constitue une protection pour l'individu.[26] Il fut un temps où cette protection était surtout physique. Les gens se regroupaient en clans pour mieux résister aux assauts de groupes ennemis. De manière à peine plus sophistiquée, de tels regroupements existent encore actuellement. Ce sont les « quartiers », « ghettos » et « banlieues ». Imaginons un maire d'un quartier cossu, voisin d'une banlieue pauvre et à mauvaise réputation, qui résiste à augmenter le nombre de logements sociaux dans sa commune. Avec beaucoup d'indulgence, on pourrait envisager que cet édile a pour but unique de protéger, physiquement et psychiquement, ses administrés. Ceux-ci pourraient, à tort ou à raison, souffrir d'un afflux d'assistés sociaux qui, eux-mêmes, auraient le rôle de vilains petits canards au sein de cette nichée de nantis.

Supposons maintenant que ce maire ne se contente pas de « protéger » passivement sa commune mais le fasse de manière « offensive » en restreignant les logements sociaux et en vilipendant ses voisins des banlieues environnantes. C'est probablement moins le confort de la commune opulente qui est en cause que le fait de ne pas mélanger torchons et serviettes. On est passé du favoritisme de l'endogroupe au dénigrement simultané de l'exogroupe. Rien de nouveau ici, sauf l'idée que ce dénigrement a pour but de protéger le groupe d'appartenance ou, plus précisément, son intégrité.

Le biais de favoritisme remplit une fonction de protection ordinaire. L'ethnocentrisme, avec son racisme, assure une protection offensive, dénigrante. Ce que craignent et détestent les racistes, ce sont les mélanges. Le Portugal aux Portugais et la gendarmerie aux gendarmes. D'où, plus qu'une réaction contre un autre groupe, le racisme se caractérise surtout comme une protection de son groupe que l'on ne veut pas voir perverti par l'infiltration d'éléments « étrangers ». Un adage ne disait-il pas : « Si la nature a créé des races humaines définies, elle n'a pas, malheureusement, créé de difficultés assez insurmontables pour en empêcher le mélange (...). Les Arabes disent "Dieu a créé le Blanc, Dieu a créé le Noir ; le Diable a créé le métis" ».

Le raciste se donnera comme mission d'être la sentinelle de son groupe. Ce sera le rottweiler de service. Il n'est pas innocent que le terme « mulâtre » dérive du mulet, un hybride issu d'un âne et d'une

---

26. Brewer, M. B., & Caporael, L. R. (1990). Selfish genes and selfish people : Sociobiology as origin myth. *Motivation and Cognition*, 14, pp. 237-243.

jument. Notons que la peur de l'autre, dont il faut se préserver, a une direction bien précise. On parle de mulet et non de bardot (issu d'un étalon et d'une ânesse). Que des baudets de la minorité – Serbes, Turcs, Hutus, etc. – puissent venir contaminer celles qui sont destinées à poursuivre « la race » est bien plus dangereux que l'inverse, somme toute banal au regard de l'histoire et mieux connu sous l'expression de droit de cuissage.

Les illustrations les plus poignantes du racisme comme protection de l'endogroupe sont nées au lendemain de la Seconde Guerre mondiale, lors d'études qui n'avaient pas cet objectif. « Comment se fait-il que tant de Juifs aient été dénoncés alors qu'ils étaient admirablement camouflés, se demandaient beaucoup de psychologues sociaux aux États-Unis ? Le caractère juif se trahirait-il par le visage et serait-il davantage visible aux yeux de ceux qui ont des préjugés antisémites ? » Pour répondre à cette question, qui serait maintenant jugée politiquement incorrecte, les chercheurs ont distribué à leurs sujets, dont on avait mesuré le degré d'antisémitisme, une série de photographies de visages d'étudiants. La moitié des visages appartenait à des Juifs et l'autre moitié à des Américains blancs non-Juifs. Les sujets devaient répartir les visages en deux catégories : Juifs et non-Juifs. Cette répartition permettait de mesurer l'exactitude de la détection des Juifs. Il s'avère de fait que cette exactitude dépasse le niveau du hasard, mais de peu. Beaucoup plus intéressant pour mon propos est le fait que ce sont les antisémites qui se montrèrent les plus exacts ; ce sont eux qui repérèrent le plus de Juifs. Il est vrai que les antisémites saturaient la catégorie des Juifs. Au moindre doute devant un visage, ils le classaient comme juif. Davantage qu'à identifier les Juifs, les antisémites cherchaient peut-être à empêcher qu'un Juif figure dans la catégorie des non-Juifs. Avec notre équipe de recherche à Louvain-la-Neuve, nous avons pu montrer que lorsque les individus craignent pour l'intégrité de leur groupe, ils agissent en sentinelle. Ils se montrent beaucoup plus hésitants à classer quelqu'un dans leur groupe que dans un autre, ils demandent davantage d'informations quand il s'agit de leur groupe, et, en cas d'incertitude, ils refusent l'adhésion alors qu'ils n'hésitent pas à classifier une personne douteuse dans l'autre groupe.[27]

---

27. Leyens, J. Ph. & Yzerbyt, V. Y. (1992). The ingroup overexclusion effect : Impact of valence and confirmation on stereotypical information search. *European Jounal of Social Psychology*, 22, pp. 549-569.

J'aime beaucoup une autre recherche menée en Afrique du Sud, au temps de l'Apartheid[28]. Des Blancs, des Indiens, des métis et des Noirs ont participé à cette expérience mais, pour des raisons de commodité, je ne m'intéresserai qu'aux résultats des Blancs et des Indiens, les deux ethnies au statut le plus élevé. À chaque œil des participants, simultanément et indépendamment, était envoyée pendant un temps très court la photographie d'un visage qui pouvait être celui d'un Blanc, d'un Indien, d'un métis ou d'un Noir. Les sujets voyaient donc deux visages superposés qui appartenaient ou non à la même ethnie. Toutes les combinaisons de visages étaient présentées et la tâche des sujets était de dire quel type de visage ils avaient vu. Le lecteur aura sans doute déjà deviné les résultats. Lorsqu'un visage blanc était présenté en même temps qu'un autre, non blanc, les Blancs étaient beaucoup moins susceptibles de donner la réponse « Blanc » que ne le faisaient des Indiens pour un visage indien superposé à un autre type de visage. En d'autres termes, en ces temps d'Apartheid, le « métissage » était beaucoup plus menaçant pour les Blancs qu'il ne l'était pour les Indiens. Ce n'est pas pour rien que tous les mouvements extrémistes demandent la pureté absolue de leurs membres. C'est ainsi que les officiers SS engagés dans les années 1930 devaient prouver leur « aryanisme » depuis 1750 !

***

J'aime bien la définition que Todorov (1989) donne d'autrui : « un égal à nous. » Je peux préférer tel autrui à tel autre, mais il n'en reste pas moins que nous sommes tous égaux, disposant des mêmes droits. Égalité ne signifiant pas similitude, autrui et moi pouvons diverger sur différents points sans que cela n'instaure une inégalité profonde. Bien sur, l'un peut avoir raison sur l'autre, mais la bonne réponse n'a rien à voir avec notre groupe d'appartenance.

Dans ce chapitre, j'ai voulu montrer combien le racisme s'ancre dans des processus normaux, dont beaucoup sont, paradoxalement, utiles au fonctionnement en société. Certains auteurs n'hésitent d'ailleurs pas à dire que l'ethnocentrisme est le fruit de l'évolution, et qui dit ethnocentrisme dit racisme, puisqu'on y retrouve la conjugaison du biais de favoritisme pour son groupe et le rejet de l'autre groupe.

---

28. Pettigrew, T. F., Allport, G. W. & Barnett, E. O. (1958). Binocular reception and retention of race in South Africa. *British Journal of Psychology*, 49, pp. 265-278.

Quelques mots encore, pour terminer sur le rejet de l'autre. Qui dit ne pas aimer un groupe ne dit pas nécessairement racisme. Je puis être en désaccord théorique total avec les psychanalystes sans éprouver du racisme à leur égard. J'ai horreur de la cuisine des Pays-Bas sans être, je crois, raciste à l'égard de leurs habitants. Je supprimerais volontiers la psychanalyse du cursus universitaire et, aux Pays-Bas, je vais systématiquement dans un restaurant indonésien. Ce n'est pas de la discrimination parce que, en aucun cas, je ne vise les membres du groupe en tant que tels. Je n'ai pas d'animosité particulière vis-à-vis de la majorité des psychanalystes, mais je peux très bien ne pas être d'accord avec leurs fondements théoriques. De même, les Pays-Bas ne se réduisent pas encore, à ce que je sache, à leur cuisine. Je pourrai employer des stéréotypes, et même des propos insultants, en cas de dispute avec des collègues psychanalystes, mais ce faisant, je n'aurai pas d'urticaire. Or, la vue de membres de certains autres groupes me donnera automatiquement cette urticaire. Je sais que j'ai tort et j'essaie de me raisonner mais, contre ma volonté, la seule découverte que ces personnes adhèrent à ces groupes me fait frémir. Cela, c'est du racisme, et conscient encore bien. Il y a sans doute encore d'autres groupes pour lesquels mon racisme est inconscient. Mon « urticaire » n'étant ni nécessaire ni suffisante pour détecter mon racisme, je puis très bien ne pas ressentir de l'antipathie pour un groupe qui interprétera mon insipidité à son égard comme un signe majeur de racisme.

Dans les chapitres prochains, je commencerai à examiner différentes conséquences du racisme, ou encore certains des processus permettant au racisme d'exister. Avant cela, cependant, je voudrais parcourir avec vous quelques bases théoriques qui ont jusqu'à présent fait prospérer le racisme.

Chapitre 3
Variations sur le racisme

Voici un extrait d'un texte très court intitulé *Habiter la frontière* et écrit par Léonora Miano qui est née au Cameroun en 1973 et qui réside en France depuis 1991.[1]

> *Être un Africain, de nos jours, c'est être un hybride culturel. C'est habiter la frontière. Le reconnaître, c'est être honnête envers soi-même, regarder en face ses propres réalités, et être capable de les infléchir. Il ne s'agit pas de chercher à valoriser l'une ou l'autre des composantes de cette identité, mais de se dire qu'on a le privilège rare de pouvoir choisir le meilleur de chaque culture. Qu'on y songe un peu. Les Européens n'ont pas cette possibilité. Pour eux, qui ont cru dominer éternellement le monde, la multi-appartenance est vécue comme une perte de repères.*
>
> *C'est dans un tel contexte qu'apparaissent des aberrations comme le ministère français de l'identité nationale. L'Europe n'a pas encore pénétré dans le monde que symbolise Barack Obama. Un pays comme la France renâcle à s'ouvrir sur ses marges, et ne le fait que sous la contrainte, lorsque les banlieues brûlent ou que l'outre-mer se soulève. Il tente d'imposer au réel des notions dépassées, en exigeant, par la bouche des commentateurs de l'actualité, le dessaisissement de soi que réclamait l'assimilation.*

Avant de nous plonger dans le contenu de cet extrait, revoici la définition du racisme que je donnais dans le premier chapitre. Le racisme est un antagonisme profond ou au contraire une condescendance apparemment inoffensive, conscients ou non, à l'encontre de membres d'un groupe donné du seul fait de leur appartenance à ce groupe. Il se

---

1. Il fait partie d'un ensemble de huit textes, écrits sur sollicitation du *Monde Magazine*, à la suite du festival Étonnants voyageurs de Bamako en novembre 2010 et regroupés sous le titre *Huit écrivains racontent l'Afrique qui vient*. L'ensemble de ces textes sont disponibles sur le site du *Monde (http ://www.lemonde.fr/international/article_interactif/2010/12/04/huit-ecrivains-africains-racontent-l-afrique-qui-vient_1447623_3210.html).*

manifeste aussi bien au niveau du comportement – la discrimination – que des croyances – les stéréotypes – et des réactions cognitivo-affectives – les préjugés.

Sans doute à cause des guerres sur le sol européen et des colonies qui gardaient le problème à distance, le racisme en Europe s'est longtemps (et encore maintenant[2]) contenté de spéculations. La situation était tout autre aux États-Unis et la Fondation Carnegie commença à financer en 1937 les travaux d'un économiste suédois – a priori neutre –, Gunnar Myrdal, futur prix Nobel, pour les aider non seulement à identifier les problèmes raciaux mais aussi à les résoudre. Le résultat fut, en 1944, la publication de près de 1 500 pages de *An American Dilemma : The Negro Problem and Modern Democracy*, un immense succès de librairie qui perdure actuellement. Myrdal avait le courage de conclure que le problème des Noirs, aux conditions déplorables, était celui des Blancs transpirant le racisme. Les recherches empiriques aux États-Unis ont donc de longtemps précédé les études européennes qui ont dû attendre l'immigration récente d'Afrique et de l'Est de l'Europe. Je serai fidèle à cet ordre chronologique.

LE DILEMME AMÉRICAIN

Voici comment Jones[3] décrit l'essentiel du dilemme original : « Pour Myrdal, le dilemme américain se caractérisait par une gêne morale. Il se situait dans le cœur. Le dilemme américain se trouvait dans une zone spécifique des relations raciales dans lesquelles les échecs étaient consciemment reproduits dans les arrangements institutionnels de la société. Le problème du dilemme américain était une turpitude morale (p. 642). » Dans les années 1940, on revenait pourtant de loin : au XIXe siècle, en effet, un esclave comptait pour trois cinquièmes d'une personne, et la Guerre de Sécession n'empêcha pas les turpitudes (non sanctionnées) les plus racistes que l'on puisse imaginer durant la période de 1880 à 1950, appelée aussi la période « Jim Crow », du nom d'un clown blanc maquillé en Noir. Tout était séparé : les toilettes, les magasins, les wagons de chemins de fer, les écoles ; c'était le règne du

2. Taguieff, P-A. (2008). *La Judéophobie des Modernes*. Paris : Odile Jacob.
3. Jones, J. M. (1998). Psychological knowledge and the new American dilemma of race. *Journal of Social Issues*, 54, pp. 641-662.

Ku Klux Klan, avec des assassinats et des viols qui ne faisaient pas l'objet d'une enquête, sinon, au mieux, d'une parodie de justice.

Heureusement, la victoire à la Cour Suprême en faveur de la déségrégation des écoles et l'enthousiasme soulevé par Martin Luther King allaient servir de porte-drapeaux au slogan «*Black is beautiful*» ainsi qu'au mouvement noir (Mohammed Ali, Malcom X, Black Panthers). Cette effervescence des années 1970 s'est évaporée avec la volonté de s'attaquer à des problèmes plus fondamentaux, mais sans toujours beaucoup de succès. Jones (p. 645) résume le nouveau dilemme américain comme un conflit entre les valeurs démocratiques de liberté et d'égalité indépendamment de la race, d'une part, et d'autre part la croyance que liberté et égalité ne pourront pas se passer de la prise en considération de la race. En d'autres termes, alors que liberté et égalité devaient se déployer dans l'harmonie, il devenait évident que ces deux fleurons étaient empêtrés dans les pires ronceraies que la culture avait pu mettre en place, ronceraies travesties en plates-bandes harmonieuses comme on le verra ultérieurement.

RACISMES SUBTILS

Pendant les vingt dernières années, il est manifeste que la doctrine de la hiérarchie des races est devenue largement illégitime même si elle est encore utilisée par beaucoup d'individus[4]. Dans la mesure où s'exprimer de façon dérogativement raciste est devenu de moins en moins accepté socialement, d'autres formes de racismes, qu'on pourrait qualifier de «subtiles», se sont développées. Les chercheurs les ont mises à jour et rassemblées sous le nom de «racisme moderne» (ou symbolique), qui consiste en un mélange d'antagonisme contre les Noirs et de défense de valeurs américaines traditionnelles comme le travail et le respect de l'autorité[5]. On le dit symbolique parce que les expressions de racisme sont énoncées d'une manière abstraite et idéologique censée refléter des codes sociaux plutôt qu'une réaction individuelle (par exemple : « Les Noirs demandent des choses déraisonnables

4. Sidanius, J. & Pratto, F. (1999). *Social Dominance Theory*. New York : Cambridge University Press.

5. McConahay, J. B., Hardee, B. B., & Batts, V. (1981). Has racism declined in America ? It depends on who is asking and what is asking. *Journal of Conflict Resolution*, 25, pp. 563-579.

et illégitimes »). Une échelle de racisme moderne a été imaginée et est probablement la plus fréquemment employée quand on veut mesurer le racisme explicite, c'est-à-dire conscient (par exemple : « Les Afro-Américains finissent par en demander trop dans leur volonté d'égalité des droits »). Il est peu probable que cette échelle amenuise indûment le racisme réel : d'une part, celui-ci est mal vu par la société alors que, d'autre part, les items de l'échelle sont transparents. Cette transparence ne peut amener les répondants qu'à mentir, ou à se mentir, pour être en correspondance avec la norme sociétale. Pettigrew et Meertens[6] ont dès lors créé une échelle de préjugés flagrants (par exemple : « Les gens des Caraïbes vivant ici et recevant un support social pourraient très bien s'en passer s'ils le voulaient ») et subtils (par exemple : « Combien de fois avez-vous ressenti de l'admiration pour les gens des Caraïbes qui vivent ici ? »). Comme on pouvait s'y attendre, les scores sont moins élevés pour les items flagrants (« tabous ») que pour les questions subtiles.

Il ne faut pas être grand clerc pour comprendre que même les items subtils ont pour but de jauger le racisme. Celui-ci étant de plus en plus stigmatisé, il importe d'avoir des mesures dont les sujets ne sont pas conscients ou dont ils ne peuvent contrôler les réponses. Avec les progrès en informatique, ces mesures implicites sont de plus en plus nombreuses. Nous en décrivons une ci-dessous. Nous oublierons ses désavantages au profit de sa célébrité. Il s'agit de l'IAT (*Implicit Association Test).*[7]

Dans une première étape, on prévient les sujets qu'ils verront cinq prénoms francophones ou cinq prénoms arabes. Chaque fois que le prénom est francophone il s'agira de presser le plus vite possible (avant 3 000 ms) la touche A, et la touche P chaque fois que le prénom est arabe. La même tâche sera répétée durant environ cinquante essais. Dans un deuxième temps, il faudra faire de même pour des attributs positifs (par exemple « agréable ») et négatifs (par exemple « méchant »). Dans un troisième temps, les quatre types de mots seront présentés au hasard et chaque fois que ce sera un prénom francophone ou un attribut

6. Pettigrew, T. F., Meertens, R. W. (1995). Subtle and blatant prejudice in Western Europe. *European Journal of Social Psychology*, 25, pp. 57-75.
7. Greenwald, A. G., McGhee, D. E., & Schwartz, J. K. L. (1998). Measuring Individual Differences in Implicit Cognition : The Implicit Association Test. *Journal of Personnality and Social Psychology*, 74, pp. 1464-1480.

positif, il faudra presser la touche A, et la touche P pour les deux autres types de mots. Lors d'une quatrième phase, les sujets seront confrontés aux mêmes attributs positifs et négatifs que dans la deuxième phase mais les touches seront inversées, la touche A pour les négatifs et la touche P pour les positifs. Dans un cinquième temps, il faudra presser A pour un prénom francophone et un attribut négatif et la touche P pour un prénom arabe et un attribut positif. Bien sûr, pour d'autres sujets, l'ordre des deuxième et troisième tâches d'une part et des quatrième et cinquième tâches d'autre part sera inversé mais il y aura toujours une tâche dite compatible (ici, la troisième) et une tâche dite incompatible (ici la cinquième).

Le présupposé de base est qu'il est plus facile (donc on répond plus rapidement) d'associer des éléments de même valence (+ et +, ou - et -). La différence de temps entre les tâches compatibles et incompatibles mesurera le degré de racisme. Quelqu'un qui, comme Léonora Miano au début du chapitre se voit à la frontière ne devrait pas obtenir une différence de temps très grande. Une différence beaucoup plus petite très certainement que Brice Hortefeux qui dit à un militant UMP d'origine Arabe : « Quand il y a en a un, ça va… C'est quand il y en a beaucoup qu'il y a des problèmes ! » On m'a raconté qu'une étudiante a été tellement choquée quand elle a vu ses résultats – racistes – à la première passation de l'IAT qu'elle l'a repassé tous les jours pendant une semaine jusqu'à ne plus trouver de différence. Je n'ai pas eu ce courage, ou cette patience !

Si les tests, explicites et implicites, mesurent bien le racisme – et il en existe bien d'autres que les exemples fournis –, il devrait y avoir une corrélation entre eux[8]. Quelqu'un de manifestement raciste devrait obtenir des scores élevés de façons explicite et implicite. Inversement, quelqu'un de non-raciste devrait recevoir des scores très bas, voire en faveur de l'exogroupe. En fait, les mesures explicites montrent de fortes corrélations entre elles et il en est de même pour les mesures implicites. Les corrélations entre mesures explicites et implicites sont moins élevées, ce qui est jugé regrettable par beaucoup. Personnellement, cette diminution me ravit. Imaginez que les deux types de mesure soient fortement corrélés : cela signifierait qu'elles mesurent la même chose. De cette façon, avec une corrélation positive pas trop élevée, on

8. Fazio, R. H., & Olson, M. A. (2003). Implicit measures in social cognition research : Their meaning and use. *Annual Review of Psychology*, 54, pp. 297-327.

peut présumer que racismes explicite et implicite sont cousins sans être identiques.

Les différences entre les tests explicites et implicites ont servi à mesurer le racisme aversif. Par racistes aversifs, on entendait les gens qui, très sincèrement, croyaient ne pas être racistes, mais qui laissaient échapper leurs véritables attitudes inconscientes – racistes – lors de circonstances favorables. Par exemple, ils recevaient un coup de fil d'un automobiliste à l'accent noir qui croyait avoir contacté un garagiste pour sa voiture en panne et qui n'avait plus de monnaie pour un autre coup de fil. Il s'agissait donc de l'aider en contactant eux-mêmes un garagiste prêt à se déplacer. Davantage d'aide fut accordée par les racistes aversifs que par les racistes explicites. Ce résultat est trivial ; ce qui est important est ce qui arriva en cas d'absence d'aide. Chez les racistes aversifs, le coup de téléphone était bref : « Il y a erreur », et donc le complice noir à l'autre bout du fil n'avait pas l'occasion d'effectuer sa demande réelle : « je n'ai plus de monnaie ; mettez-moi en contact, s'il vous plaît, avec un garagiste ». Le raciste aversif pouvait se prétendre non-raciste puisqu'il n'était pas au courant de la demande d'aide. Le coup de téléphone avec un raciste avéré était plus long puisque celui-ci ne craignait pas ce qui risquait d'arriver : une requête qu'il refuserait. Puisque les racistes aversifs ne croient fondamentalement pas être racistes, ils ne devraient pas obtenir de score raciste avec la mesure explicite. Toutefois, puisqu'il y a malgré tout un fond de racisme, celui-ci devrait apparaître au niveau implicite. Les racistes aversifs ne se montrent donc pas racistes avec des mesures explicites mais se révèlent racistes avec des mesures implicites non contrôlables. On pourrait parler de racistes subtils aussi.

Mon épouse et moi avons eu la chance de vivre deux ans aux États-Unis au début des années 1970, dans un des campus les plus actifs à la fin des années 1960. Quand je dis « actif », je vise le « libéralisme américain », dont la signification est opposée à la nôtre et désigne en fait les opinions progressistes. Les rapports avec les nombreux Noirs étaient pourtant rares, et ce de leur propre volonté. Pendant deux ans, j'ai essayé de recevoir un « bonjour » d'une condisciple noire (et jolie) et j'ai échoué. Pourtant, lors d'une soirée, quelle ne fut pas notre surprise en nous rendant compte que nous avions été les seuls Blancs à être invités ! Les autres étaient tous noirs et surtout africains. Les anciens colons blancs en prirent pour leur grade, mais je garde les meilleurs souvenirs de cette soirée. Les discussions étaient animées mais chacun disait ce qu'il pensait vraiment. Il était clair que certains donnaient l'impression d'être racistes, et que d'autres étaient davantage indifférents à la couleur ; nous étions Blancs, mais l'intérêt, de leur point de vue (et du nôtre aussi !), était que nous avions une autre origine que les Blancs américains. C'est ce que je ressens à la lecture de l'extrait en début de chapitre. Ce n'est pas la couleur de peau qui importe ; « on a le privilège rare de pouvoir choisir le meilleur de chaque culture ». Imaginez-vous que Goldhagen aurait le même plaisir ?

Nous sommes retournés aux États-Unis vingt ans après, dans une région reconnue pour ses idées progressistes. Blancs et Noirs se parlaient (un peu), mais les interactions n'avaient plus du tout la spontanéité, surtout avec les Blancs, de notre jeunesse. Pendant les soirées à dominance blanche (il y avait peu de Noirs sur le campus), je marchais sur des œufs, et faisais beaucoup d'omelettes à voir le visage de mes commensaux. J'ai fini par prendre ces soirées en grippe parce que je ne parvenais pas à assimiler le langage politiquement correct qui était une obligation, et que j'amalgamais avec la langue des Précieuses ridicules de Molière. Un de mes collègues belges n'a jamais été aussi embarrassé et jeté un froid glacial dans un petit cercle d'amis américains après avoir complimenté une convive sur sa « délicatesse toute féminine ». Horreur, son compliment avait été jugé un stéréotype. Heureusement qu'une Hispanique m'avait prévenu qu'il ne fallait jamais louer les qualités athlétiques des Noirs. Elle, petite hispanique, l'avait fait pour de grands basketteurs et s'en était bien repentie. Vanter les aptitudes athlétiques des Noirs, aux États-Unis, est interprété comme s'ils n'avaient pas d'autres compétences !

Alors que s'étaient estompées les années hippies et celles des émeutes contre la Guerre du Vietnam, un nouveau climat s'installait. Une chape grise s'installait sur la société, et de même que des anciens hippies portaient maintenant le costume sombre trois pièces, tous devaient devenir aveugles aux différences (de peau, de sexe, etc.) qui étaient censées nourrir le racisme. On a déjà fait allusion à l'idéologie de *color-blindness* au moment de parler de l'essai de Comte et des expériences de Tajfel et de Janet Elliott. Je serai plus explicite cette fois.

Si les séances de Jane Elliott comportent des périodes de tension, il n'y a là rien de surprenant puisque l'enseignante fait en sorte que cela arrive. Tout autre était le but de Tajfel. Il ne s'attendait pas à trouver des résultats différents pour l'endogroupe et l'exogroupe. La catégorisation était minimale : les adolescents se connaissaient depuis longtemps, on les divisait selon un critère artistique sans pertinence aucune pour eux, ils ne savaient pas qui était ou non dans leur groupe, il ne s'agissait pas de se répartir de l'argent mais des points symboliques. Dans la foulée des recherches sur la Théorie de l'identité sociale (TIS) de Tajfel, les psychologues en sont venus à accepter la catégorisation comme un processus normal et automatique qui peut produire une différenciation intergroupe. Comme le dit Steve Reicher, la TIS est souvent « représentée comme l'idée que nous nous définissons en termes d'appartenance catégorielle et qu'ensuite, pour obtenir une autodéfinition, nous cherchons à avantager notre endogroupe par rapport aux autres. Il y a toutefois quelque chose d'ironique ici. Plus que tout autre, Tajfel insistait sur la nécessité d'envisager les principes psychologiques dans leur contexte (...) Pour lui, la TIS ne devait pas servir à expliquer les inégalités sociales en termes psychologiques mais à examiner comment les dynamiques psychologiques opèrent et agissent avec des réalités idéologiques et structurelles. Le processus de différenciation n'était pas une fin en soi mais un point de départ. La question fondamentale est de savoir ce que des feraient des gens, recherchant une identité positive, mais définis négativement dans un monde inégal. (...) Agiront-ils collectivement pour contrer les inégalités ? En d'autres termes, la TIS est davantage une théorie du changement social que de la discrimination sociale ». [9]

COLOR-BLIND ET COLOR-CONSCIOUS

Comme le fait remarquer Steve Reicher, les études de la TIS ont surtout été utilisées pour montrer les dangers de la catégorisation. Les méfaits de cette dernière étaient maintenant avérés, alors qu'auparavant on ne faisait que les soupçonner. Par réaction, ce fut donc la glorification de la *color-blindness*, celle-là qui gâchait mes sorties en soirée aux États-Unis. Selon cette idéologie, il faut supprimer les différences, donc les catégories, de sorte que tous les individus soient égaux et semblables. Bien avant les recherches de Tajfel, des chercheurs américains avaient attaqué la catégorisation en ce qu'elle permettait

9. Voir Reicher dans www.easp.eu/activities/own/awards/tajfel.htm

par exemple la ségrégation dans les écoles. L'idéal était que les individus se sentent citoyens de l'univers. Plus d'appartenances de groupes ou alors des appartenances qui favorisaient les contacts personnalisés entre membres de groupes. Tout le monde était égal et semblable. C'était l'ère de la décatégorisation qui triomphait aux États-Unis, mais pas en Europe. Ce dernier continent, avec toutes ses nationalités et ses spécificités, cherchait sa cohésion mais n'imaginait pas que l'on puisse effacer les frontières ou faire comme si elles n'existaient pas. Les hommes d'État mettaient déjà en place les pièces principales pour l'établissement d'une Europe économique et politique, mais cela ne signifiait nullement une homogénéité.

À l'opposé de la *color-blindness*, il y a la *color-consciousness*. On parle aussi de multiculturalisme, et cette politique est obligatoire (ou l'a été) dans certains pays ; l'exemple majeur en est le Canada, suivi de près par la Grande-Bretagne. Les définitions politiques varient avec les pays et les circonstances. Nous nous en tiendrons à la version psychologique. Est *color-conscious* quelqu'un qui reconnaît l'existence de divers groupes et qui respecte les différences entre ceux-ci. Les recherches comparatives entre les deux types d'idéologie sont encore rares mais toutes sont en faveur de la *color-consciousness*. Notre équipe de recherche s'est persuadée que les deux idéologies ne représentaient pas le bien et le mal, et qu'il y avait de part et d'autre des éléments favorables et défavorables à l'harmonie entre groupes. Ce qui nous apparaissait comme bénéfique dans la *color-consciousness* était la reconnaissance des différences, mais celle-ci devenait néfaste, explicitement raciste, dès l'instant où ces différences n'étaient pas respectées. Ce qui était avantageux pour les relations intergroupes dans la *color-blindness* nous semblait le fait que toutes les personnes étaient considérées comme des individus égaux. Le problème souvent dénoncé par les minorités avec cette idéologie accusait les groupes dominants de confondre égalité avec similitude à soi, c'est-à-dire l'obligation pour les minorités de s'assimiler aux groupes importants, de les copier. Ce problème est actuellement celui de la France qui veut obliger tous les immigrés à s'assimiler. Le cas est le même en Flandres en Belgique où, pour protéger la langue, l'assimilation devient de plus en plus obligatoire. Cette attitude est à ce point ancrée dans les habitudes qu'un contre-exemple a fait pendant tout un temps la une des journaux. Une femme de religion musulmane travaillait dans une entreprise flamande et portait le voile. Le directeur a reçu à ce propos des menaces de mort, mais n'a pas voulu que son ouvrière s'habille autrement parce qu'il ne voyait pas en quoi la religion affectait le travail. La réaction du directeur a été tellement « remarquable » au sens littéral qu'elle a été publiquement saluée par le Roi et par l'Association des entreprises flamandes.

Dans la *color-consciousness*, l'intégration, c'est-à-dire la reconnaissance réciproque et respectueuse des différences, s'oppose au racisme explicite, au non respect des spécificités. Dans la *color-blindness*, c'est l'individualisation qui confronte un racisme larvé (subtil, aversif, etc.), à savoir l'assimilation. Nous avons testé nos hypothèses avec des étudiantes dont nous connaissions par ailleurs le degré d'intégration, de racisme explicite, d'individualisme et d'assimilation. Pour ce faire, nous nous sommes inspirés d'un ancien jeu télévisé où il s'agissait en trois questions de deviner un mot avec l'aide standardisée d'une complice (d'une spécialiste à la T.V.). Exemple : le mot à trouver est « bouquet », la complice dit « fleurs » ; admettons que le sujet dise « une rose », le deuxième indice devient « plusieurs » et le sujet répond « des roses » ; la complice donne le troisième indice « général » et le sujet trouve la bonne réponse : « bouquet ». Les résultats dépendent donc des mots trouvés et certains de ceux-ci étaient dits critiques étant donné la situation (par exemple « terrorisme »). Dans un cas, la complice était présentée comme marocaine par le biais de son prénom (marocain) et elle était habillée comme n'importe quelle étudiante. Dans l'autre cas, rien ne différait si ce n'est que la complice portait un foulard.

Certains résultats de cette expérience paraîtront évidents alors que d'autres auront besoin d'une explication. Comme attendu, plus les étudiantes étaient en faveur de l'intégration, mieux elles réussissaient avec n'importe laquelle des complices. En accord avec des expériences précédentes, plus les étudiantes étaient racistes explicites, meilleur était leur score indépendamment du foulard ! Ce résultat n'est pas du tout inattendu et montre le bénéfice qu'il y a à tirer d'une tâche pareille sans ambiguïté, où chacun connaît sa position. Quand les étudiantes étaient en faveur de l'assimilation, elles réussissaient d'autant mieux que la complice ne portait pas de foulard. Vient maintenant le résultat le plus bizarre à première vue : plus les étudiantes étaient pour l'individualisme, moins elles réussissaient quand la complice portait un foulard.

Ces résultats sont schématisés dans le tableau suivant :

	Color-consciousness	
	Intégration ↗	**Racisme explicite ↗**
Partenaire avec voile	Performance ↗	Performance ↗
Partenaire sans voile	Performance ↗	Performance ↗

	Color-blindness	
	Individualisme ↗	**Assimilation ↗**
Partenaire avec voile	Performance ↘	–
Partenaire sans voile	–	Performance ↗

Dans le cas de la *color-consciousness*, il y avait corrélation significative avec ***et*** sans voile. En ce qui concerne la *color-blindness* par contre, le voile fait une différence. Dans le cas de l'individualisme, il y a corrélation négative avec le voile alors qu'il n'y a pas de corrélation significative en son absence. Et pour l'assimilation, il y a corrélation positive en l'absence de voile, mais il n'y a pas de corrélation significative en présence du voile.

Les supporters de l'assimilation ne sont pas en faveur de singularités telles que le voile mais apprécient une copie conforme à leurs valeurs. En face d'un complice qui répond à ce critère, elles réussissent bien. Les scores de l'individualisme nous ont d'abord surpris mais, avec un peu de réflexion, ils sont logiques. Les individualistes ne veulent pas d'appartenance groupale et la complice avec son voile transgresse ce désir. Très clairement, cette dernière affirme son identité groupale (d'autant plus qu'à Louvain-la-Neuve en Belgique, il n'y a pas foule d'étudiantes avec un voile). Les performances s'en trouvent affectées. (Nous avons refait une expérience presque identique avec des complices noirs et un des mots critiques était « nègre ». À plusieurs reprises, les complices noirs nous ont assuré qu'ils savaient que des sujets *color-blind* s'étaient rendus compte de la réponse à donner – nègre – mais ne la donnaient pourtant pas.)

Je suis tout à fait conscient que la vie quotidienne réserve des tas de situations beaucoup plus alambiquées que celles imaginées par les psychologues et qu'elle puisse dès lors mener à des solutions considérées comme racistes par d'autres groupes. Parfois aussi, les problèmes comme le port du voile sont tellement insignifiants que je ne comprends pas que la solution – l'acceptation – ne soit pas immédiatement donnée. C'est moi qui juge l'insignifiance et, en ne me montrant pas raciste du point de vue religieux, je serai taxé de raciste par les féministes, pour qui le voile est signe d'asservissement, et par les laïcs militants qui verront une insinuation du religieux dans l'État. Je suis toujours étonné par ces deux dernières réactions qui se focalisent sur le voile et ne prennent pas en compte nombre de subtilités traditionnelles dans beaucoup de pays pour influencer les jeunes filles (entre autres, l'habillement, l'école, l'entourage amical) et influencer en général (entre autres, les lobbies, l'université).

Voici une autre anecdote. Un soir, j'ai voulu montrer à des collègues, se disant non-racistes et opposés à l'expression du moindre stéréotype, un café Art Nouveau magnifique dans un quartier bruxellois à forte concentration de population d'origine étrangère. Je sais que nous sommes tout près de la maison recherchée, mais impossible de retrouver l'endroit exact. Les seules personnes visibles sont un groupe de jeunes à l'autre bout d'une place. Malgré l'obscurité, et vu le quartier, on peut facilement deviner qu'il s'agit de Maghrébins. Je m'avance seul et à mesure que je traverse la place, le groupe se resserre. Je continue et vois mes collègues s'éloigner rapidement en direction opposée comme s'ils connaissaient le chemin. Ils n'avaient pas de stéréotypes mais croyaient ferme en l'adage « Courage, fuyons ». Arrivé près des jeunes, je leur demande de l'aide pour mon problème. Comme je ne comprenais pas leurs explications pour retrouver le café, un des garçons finit par proposer : « C'est juste à côté, je vais vous accompagner. » Et mes collègues se sont hâtés de nous rejoindre.

Ce soir-là, je crois avoir fait preuve d'intégration, et c'est ce que les jeunes ont fait également. Mais quelle fut l'attitude adoptée par mes collègues américains ? Nous savons que les travaux en psychologie ont traditionnellement favorisé la *color-blindness* mais que les recherches montrent de plus en plus les avantages de la *color-consciousness*. Vous me direz avec raison : comment peut-on être *color-conscious* et vouloir abolir les stéréotypes ? Nous discuterons de ce problème particulier et important dans le chapitre suivant, qui est dédié aux stéréotypes. En fait, je crois que la plupart des progressistes nord-américains se trompent d'étiquette, *color-conscious*, et sont en fait tous des individus égaux sans groupes qui n'est qu'une des stratégies de la *color-blindness* avec l'assimilation raciste. Au début de ces recherches, les frontières entre groupes auraient dû être effacées, ce qui aurait amélioré les problèmes avec les Noirs.

Les individualistes qui s'ignorent ont toutes les raisons de ne pas s'imaginer racistes, même à un degré aussi minimal que possible. Ces gens font très bien la différence entre racisme explicite et racisme par assimilation qui nous susurre à l'oreille : « soyez l'un des nôtres. » Puisqu'ils acceptent les différences entre groupes pour être à la mode, ces individus s'imagineront à tort multiculturels. Leur acceptation des groupes est toutefois teintée d'une peur du relativisme – peut-on à la fois prendre le parti des Arabes et des Juifs ? – et ils dérivent vers l'individualisme, c'est-à-dire vers l'universalité.

Par ailleurs, face au nombre d'actes de délinquance commis par des jeunes Maghrébins et à la médiocrité de leurs résultats scolaires, beaucoup dénoncent l'échec de la multiculturalité et de l'intégration. Selon ces personnes, l'intégration, avec son respect des spécificités, ne fait que multiplier les ghettos. Ces mêmes personnes, qui savent sans doute que l'assimilation est généralement taxée de raciste, parlent de remplacer la multiculturalité par l'interculturalité. Ils présentent cette dernière comme une intégration réussie, qui ne favorise plus les ghettos mais la rencontre. L'un va vers l'autre. Ou, plutôt, c'est à l'un d'aller vers l'autre parce que l'interculturalité signifie surtout l'assimilation.

IGNORANCE PLURIELLE

Encore faut-il se comporter d'une manière qui soit en accord avec sa façon de penser. Comment exprimer l'interculturalité et, surtout, l'individualisme ? Peut-être la réponse nous est-elle donnée par nos courageux progressistes nord-américains perdus en ma compagnie dans Bruxelles ? Éviter les contacts.

Voici ce qu'écrit Allan Bloom à propos des universités :

> *Les étudiants blancs et noirs ne deviennent en général pas amis. (...) L'oubli de la race, qui avait été prédit et attendu avec tellement de force quand les barrières tomberaient, ne s'est pas produit. Il y a maintenant une large présence de Noirs dans la plupart des*

universités (...), mais ils se sont montrés en gros non digérables. La fraternité programmatique des années 1960 n'a pas culminé dans l'intégration mais elle a viré vers la séparation des Noirs [10].

La vie est vraiment difficile pour les étudiants noirs sur les campus où ils sont minoritaires. La probabilité de trouver des « autruis privilégiés » dans le sens de Baumeister et Leary [11] est faible. Sur les campus qui comptent beaucoup de Noirs, c'est l'endogroupe qui va être central, mais s'il n'y a pas beaucoup de membres de son groupe et que l'intégration, le racisme explicite, l'assimilation et l'individualisme ne sont pas des solutions, il ne reste qu'à se réfugier dans l'indifférence de ghettos. Il est évident que, pour les Blancs, le remède radical est l'assimilation. Il en va de même avec les immigrés. La vie en France serait tellement gaie si tout le monde pensait et agissait comme – s'assimilait avec – le Président de la République ! Les minorités, cependant, sont opposées à ce qu'elles considèrent comme du paternalisme. Toujours selon les groupes minoritaires, le problème vient de ce que l'égalité est confondue avec la similitude et que cette similitude n'est pas quelconque, mais est orientée. Il s'agit, pour les minorités, d'être semblable aux dominants et de perdre, ainsi, leur identité sociale. C'est à cette assimilation que Léonora Miano faisait référence dans l'extrait en début de chapitre. Elle entrave les ouvertures que pourraient connaître les groupes de haut statut et elle entraîne des conséquences malheureuses pour ceux qui n'y voient que la seule solution.

Pour améliorer nos connaissances en matière de relations entre groupes, l'idéal serait de voir comment se déroulent des interactions entre Blancs et Noirs. Si on demande à des individus, un Blanc et un Noir, d'entrer en interaction, aucun ne sautera de joie et si on leur demande la raison de ce manque d'enthousiasme, ils répondront l'un comme l'autre qu'il serait souhaitable que les divers groupes aient davantage de contacts, mais qu'ils ne sont personnellement pas motivés parce que les autres (Blanc ou Noir) ne sont dans doute pas intéressés. Toutefois, lorsqu'on leur demande pourquoi eux, personnellement, n'ont pas envie d'entrer en contact, les réponses sont différentes de celles qu'ils avaient attribuées à l'autre groupe. Les Noirs disent avoir

---

10. Bloom, A. (1986). *The Closing of the American Mind.* New York : Simon & Schuster, page 91.
11. Baumeister, R. & Leary, M., *op. cit.*

peur d'être rejetés et les Blancs disent avoir peur de passer pour des racistes. En d'autres termes, Noirs comme Blancs ont peur d'être rejetés, mais l'un comme l'autre disent que les membres de l'exogroupe sont réticents à interagir par manque d'intérêt. C'est ce qu'on appelle une ignorance plurielle, c'est-à-dire une croyance, ou une action, basée sur une idée qui passe pour vraie alors qu'elle est en réalité infondée. De même que beaucoup d'étudiants s'enivrent non par réel goût mais parce qu'ils pensent que c'est tout bonnement la norme universitaire, nos Blancs et Noirs évitent les interactions parce qu'ils s'imaginent, sur base de quelques cas sans doute, que les membres de l'autre ethnie seront ennuyés par leur conversation.

La vraie raison de l'évitement a, en réalité, trait au racisme. Que se passe-t-il lorsque l'interaction doit vraiment prendre place ? Le fait de passer à une interaction réelle avec des participants « naïfs », c'est-à-dire sans connivence avec l'expérimentateur, n'améliore pas nécessairement les rapports entre les personnes. Cela peut même être pire en ce sens que le Blanc ressort satisfait de l'échange, mais pas du tout le Noir. Pour comprendre ce phénomène, il faut en revenir à la notion de racistes aversifs, qui sont probablement les plus nombreux dans la population. Pour ne pas commettre d'impair, le raciste aversif va donc faire très attention à ce qu'il dit et, ayant bien contrôlé la situation de son point de vue, il en sortira content. Ce n'est pas le cas des Noirs ; ils savent que les Blancs sont capables de contrôler leurs paroles, mais ils savent également que le comportement moteur (la direction du regard, les mains qui s'étreignent, les bafouillages de langage, etc.) est beaucoup moins contrôlable. C'est donc à ce dernier qu'ils prêtent attention. Cet examen leur paraîtra beaucoup moins satisfaisant et ils jugeront le Blanc hypocrite. Cette perception d'un racisme larvé par des minorités m'a toujours laissé bouche bée. Dans toutes les études que nous avons menées, il était rare que des erreurs de perception se produisent. J'en ai parlé avec des collègues noirs (ce n'est pas envers eux que je suis particulièrement raciste !) pour savoir si je paraissais moi aussi raciste aversif et ils m'ont répondu avec un clin d'œil : « ton visage est un livre ouvert et tu parles comme tu penses… » Une telle réponse convient à l'absence de racisme, comme elle correspond aussi au racisme explicite. Les signaux sont clairs dans les deux cas.

***

Ce chapitre a été surtout consacré aux Noirs, avec des allusions aux immigrants maghrébins de seconde génération. La raison en est historique. La plupart des recherches se font aux États-Unis, où la distinction Blanc-Noir prévaut. En Europe, ce sont les immigrants qui sont la cible privilégiée du racisme. Leur provenance importe selon les pays où ils atterrissent et selon le domaine considéré. Alors que les gens du voyage, surtout des Roms, sont mal vus partout, le fait d'être une femme ou d'avoir un certain âge peut influencer davantage que l'origine géographique. En Belgique, les Maghrébins sont des cibles privilégiées du racisme, mais ce qu'ils endurent cache souvent des racismes plus subtils mais tout aussi délétères. Dans notre équipe de recherche, nous avons obtenu des scores racistes avec presque tous les groupes testés : Flamands, Britanniques, Allemands, Parisiens, Mexicains, Nord-Américains, Juifs, etc.

Nous essaierons de faire référence à davantage de types de cibles mais, pour l'instant, dans le chapitre suivant, nous allons examiner les processus dénoncés comme étant les supports du racisme : les stéréotypes, les discriminations et les préjugés.

Chapitre 4

Forces et faiblesses des stéréotypes

Les femmes sont émotives et nulles en sciences. Les Africains subsahariens sont bêtes et paresseux, les Maghrébins sont agressifs et voleurs, les aristocrates sont fats et las(sants). De telles expressions peuplent le vocabulaire de beaucoup de monde. Elles constituent des stéréotypes qui sont un signe des plus visibles du racisme. Un des plus attaqués aussi, mais également un des moins bien compris. Alors que je m'efforce de ratisser le plus large possible pour dénoncer le racisme et qu'il est certain que les cibles d'étiquettes stéréotypées peuvent en souffrir profondément et de manière insoupçonnée, je ne suis pas prêt à avaler toutes les couleuvres débitées au sujet des stéréotypes. Ce chapitre se veut une mise au point sur leurs faiblesses autant que sur leur utilité.

Les stéréotypes sont des croyances partagées par l'ensemble des membres de groupes à propos des traits de personnalité et des comportements des membres d'un autre groupe. Expressions rabâchées ou blagues d'un goût douteux, ils sont un véhicule privilégié du racisme. Par ailleurs, le recours aux stéréotypes est une nécessité de la vie en société car ils remplissent des fonctions vitales. Toutefois, les stéréotypes ont une réputation sulfureuse depuis l'emploi en psychologie sociale de ce terme d'imprimerie – une forme destinée à produire des mises en page en grand nombre. Au lieu de condamner derechef les stéréotypes, je me propose de les examiner avec attention car leur mauvaise réputation ne me semble pas toujours méritée, et beaucoup de contre-vérités et de malentendus circulent sur leur compte. Selon moi, ce ne sont pas les stéréotypes en tant que tels qui font problème mais leur usage éventuel. Des livres entiers sont consacrés au sujet.[1] Je ne viserai donc pas l'exhaustivité, et je ne suis pas séduit par l'idée d'un

1. Voir, par exemple, Schneider, D. J. (2004). *The Psychology of Stereotyping*. New York : Guilford.

résumé. J'ai opté pour la discussion de points particuliers en fonction de leur pertinence pour la thèse des racismes au quotidien.

J'aimerais distinguer ce qui donne une mauvaise réputation aux stéréotypes, ce qui fait qu'ils sont essentiels pour le fonctionnement mental, et finalement passer en revue leur usage raciste. Cette distinction me fait toujours penser à une autre, très commune. Il arrive de plus en plus fréquemment que la psychanalyse subisse des reproches d'inefficacité par rapport au comportementalisme censé être mécaniciste et dépourvu d'une perspective subjective. Sans prendre position dans ce débat, je suis frappé par la pauvreté d'un argument avancé de façon récurrente par des fanatiques de la psychanalyse mal informés. Pour ces personnes, le comportementalisme est à proscrire parce qu'il a été utilisé par des bourreaux lors de tortures et on continue de citer l'exemple, malgré son ancienneté, de la rééducation du héros du film *Orange mécanique* de Stanley Kubrick. Ces gens ne se rendent pas compte que leur argument joue contre eux. Le comportementalisme est efficace et c'est pour cela qu'il est employé lors de tortures. Ce n'est pas le comportementalisme qui est en cause, mais son usage. La marche est un excellent exercice sauf lorsqu'elle prend les allures dénoncées par Goldhagen. Il en est de même des stéréotypes, et c'est ce que j'aimerais montrer.

LA MAUVAISE RÉPUTATION DES STÉRÉOTYPES

Voici une anecdote personnelle vécue aux États-Unis. Il y a près de vingt ans, j'y ai passé une année sabbatique avec mon épouse et mes deux enfants, jeunes adolescents à l'époque. Mon épouse et moi voulons montrer Manhattan aux enfants et, pendant toute la matinée, nous faisons les circuits touristiques traditionnels. L'après-midi, nous déambulons au hasard, « pour sentir la ville ». Il fait chaud et, à un moment, nous tombons nez-à-nez avec un McDonald's. Les enfants, qui en sont au début de leur séjour, ne peuvent y résister et nous entrons. À l'intérieur, rien que des Noirs, la plupart obèses, nous sommes les seuls Blancs. Ma femme fait la file et au moment de commander dit avec un anglais quelque peu rouillé : « Four Big Blacks, plea… » Elle n'a pas le temps de terminer sa phrase qu'elle éclate de rire en balbutiant « macs, macs ». Et tout le monde autour d'elle de rire également ! Quand nous sommes repartis, les gens nous ont crié au revoir. Oui, mon épouse avait fait un lapsus qui avait été amorcé par la vue du poids moyen des clients, tous noirs. Elle a ri et son visage exprimait toutes ses émotions : gaîté, embarras, franchise, etc. On peut difficilement imaginer exemple plus illustratif de la *color-consciousness*. De plus, la réaction de mon épouse montrait son respect des différences en même temps que l'acceptation de son lapsus restait, pour elle, dans les limites de l'anodin. Je me prends à imaginer des Américains blancs politiquement corrects s'aventurant dans le quartier, entrant dans cet établissement où il n'y a que des Noirs et commettant le même lapsus. Je parie ma dernière chemise qu'ils auraient réagi de façon tellement coincée que les quolibets les auraient dégoûtés de recommencer cette expédition (qu'ils n'auraient de toute façon jamais entreprise parce qu'ils auraient réalisé, eux, dans quel quartier ils se trouvaient !).

On a déjà dit et répété que, de prime abord, les psychologues sociaux se méfiaient des catégories parce qu'elles peuvent correspondre à des groupes et qu'il peut y avoir des conflits entre eux. Les stéréotypes sont la cible des reproches les plus fréquents ; ils seraient abusifs car consisteraient en une généralisation. Mon épouse a traité les Noirs de « big » alors qu'ils ne le sont certainement pas tous et qu'il y a des membres d'autres groupes ethniques qui, eux aussi, peuvent être « big ». Si le « big » est insignifiant dans son contexte, certaines généralisations méritent une mauvaise réputation. Il en est ainsi de certaines écoles élitistes où il faut porter les habits de certaines marques. Si des parents (pas nécessairement plus pauvres que la moyenne) sont originaux et refusent la tyrannie des marques, leurs enfants risquent d'être considérés comme des imbéciles, puisque tout le monde croit que la pauvreté, inférée de l'absence de marques, va de pair avec la stupidité. De même, on peut croire que tous les élèves de l'établissement sont snobs alors qu'il n'y en a que quelques-uns qui donnent le ton.

Un deuxième reproche fait au stéréotype est son caractère simpliste. Les stéréotypes sont des croyances destinées à expliquer les comportements d'un groupe. En d'autres mots, ce sont des théories qui se veulent explicatives mais qui, en toute objectivité, ne réussissent qu'à être tautologiques. C'est ainsi qu'on expliquera le calme d'un groupe par son insouciance, et l'exubérance d'un autre par son extraversion. Inversement, on expliquera l'insouciance par le calme et l'extraversion par l'exubérance. En d'autres mots, on sous-entend que celui qui a recours à des stéréotypes pour juger un individu particulier fait preuve de paresse cognitive. C'est un paumé avachi qui recourt à la surface pour juger le fond. On rejoint ici le premier reproche. Je me souviens d'une jeune femme dont je ne partageais pas l'enthousiasme pour Israël. « La situation avec tous ces musulmans est très inquiétante », me disait-elle. « Pourquoi ? D'ailleurs tous les Palestiniens ne sont pas musulmans ; ils le deviennent à force d'être brimés », fut ma réponse. « Oui, mais les Arabes sont particulièrement fanatiques, vous n'avez jamais vu cela dans les livres d'histoire. » Je lui ai demandé si elle avait lu *Les Croisades vues par les Arabes* d'Amin Maalouf. Je vous épargne son avis sur l'auteur en général, et sur ce livre en particulier.

Cet avis rejoint cependant un troisième reproche que l'on fait aux stéréotypes, à savoir, leur rigidité et persistance en dépit d'évidences contraires. Nous connaissons tous des gens qui s'accrochent à leurs croyances quelles que soient les situations. Néanmoins, on peut défendre la rigidité des stéréotypes en se montrant malléable. Il suffit de faire en sorte que la croyance stéréotypée devienne réalité. Vous êtes par exemple persuadé que telle personne est extravertie parce qu'italienne. Vous allez lui demander comment elle anime ses soirées plutôt que de l'interroger sur ses stratégies aux échecs. Ce faisant, la personne se doit de répondre d'une manière extravertie ; oui, elle a des « trucs » pour mettre de l'ambiance dans la soirée qu'elle organise tous les cinq ans. Pour vous, cette réponse est le jackpot. Vous aviez naturellement raison : la prophétie s'autoréalise. À une Finlandaise introvertie, il eût suffi de parler de jeux d'échecs pour obtenir une réponse introvertie.

Selon certains auteurs, il est illogique de juger un individu à partir de sa catégorie d'appartenance. Puisque, par définition, les stéréotypes s'adressent à une catégorie rassemblant des individus plus ou moins semblables, mais néanmoins différents entre eux, comment peut-on logiquement appliquer les mêmes critères à la catégorie entière et à un individu précis ? Pour certains, cette confusion entre l'individu et le membre d'un groupe est non seulement illogique, mais elle serait aussi immorale. Je laisse les lecteurs réagir à ces reproches ; pour ma part, j'y reviendrai dans la section suivante consacrée à l'utilité des stéréotypes.

On entend souvent dire des stéréotypes qu'ils sont faux. Si l'on entend par là que je suis dans l'erreur en disant que tous les Hollandais sont avares, il est évident que mon jugement est erroné, mais cette inexactitude fait précisément partie de la définition même des stéréotypes qui se veulent des généralisations, des approximations. En tant que tels, ils ne peuvent s'appliquer exactement à tous les membres d'une catégorie, mais ce n'est pas à ce niveau particulier, individuel, qu'il faut jauger leur fausseté éventuelle. Pour qui emploie le stéréotype à bon escient, celui-ci doit correspondre à la réalité subjectivement perçue. Il doit « expliquer » la catégorie sociale, sans nécessairement coller à une réalité objective. Le problème n'est donc pas tellement la fidélité des stéréotypes à la réalité, mais sa correspondance aux croyances sur la réalité, qui comprend sans doute un noyau de vérité (oui, les Hollandais sont supérieurs aux Japonais en football parce que plus grands !). Le stéréotype du Français râleur va guider l'étranger qui débarque en France et l'influencer dans ses relations. Les gens doivent donner un sens (même tautologique) à ce qui leur arrive. Il est évident que si le stéréotype est complètement étranger à la réalité, il ne sera d'aucune utilité et sera même nuisible. Je comparerai bientôt les stéréotypes à des schémas, mais si ceux-ci ne respectent pas du tout la réalité géographique, on ne trouvera jamais ce qu'on cherchait. Pour être utiles, les stéréotypes ont sans doute besoin d'un « noyau de vérité ».

J'ai l'impression que beaucoup de malentendus et de reproches adressés aux stéréotypes disparaîtraient si ceux-ci étaient toujours positifs. Beaucoup sont péjoratifs ou donnent l'impression de l'être. Ce qui est certain, c'est que tous les stéréotypes sont lourdement chargés d'un point de vue évaluatif : ils disent du bien ou du mal. Savoir s'il y a plus de stéréotypes négatifs que positifs reste une question empirique. Ce qui est établi, par contre, est le fait que les groupes s'attribuent des caractéristiques plus positives qu'ils n'en attribuent aux autres, alors que le « noyau de vérité » reste le même. Ce qui est intelligent, économe et spontané pour son groupe devient débrouillardise, avarice et impulsivité pour l'autre groupe.

Il existe une autre raison à la plus grande négativité des exogroupes. Il est plus utile de savoir ce qui est mauvais que ce qui est bon. Il est évident que l'on est spontanément attiré par ce qui est bon, par ce qui fait plaisir, et, d'ailleurs, il y a davantage de mots positifs que de mots négatifs dans le vocabulaire. Toutefois, à côté de cette attirance pour le positif existe un éveil particulier à tout ce qui est négatif et pourrait être dangereux. Un de mes collègues[2] emploie à ce propos la métaphore des champignons. La première réaction devant des champignons est de les goûter, mais aussitôt naît la suspicion qu'ils pourraient être vénéneux et qu'on en mangerait alors pour la dernière fois. Les gens traitent manifestement les exogroupes comme des champignons, potentiellement vénéneux.

Lorsque les gens s'efforcent volontairement de ne pas penser à des stéréotypes, ils sont confrontés à une double tâche. La première est évidente : éviter de penser de manière stéréotypée. La seconde consiste à vérifier que les stéréotypes ne font pas intrusion dans les idées, et elle produit un effet ironique. En effet, jouer à la sentinelle devant les stéréotypes éventuels va faire en sorte que, de manière inconsciente, les stéréotypes seront constamment à l'esprit. Vérifier l'absence, c'est aussi évoquer, appeler la présence. Ceci veut dire qu'au moindre moment de relâchement, les stéréotypes seront prêts à s'engouffrer. C'est une sorte d'effet boomerang qui se produit. « J'ai devant moi des punks, mais je ne dois absolument pas penser à leurs caractéristiques. Les punks n'ont pas de caractéristiques. Est-ce que je parviens vraiment à ne pas penser qu'ils sont "truc-machin" ? Pense à tout sauf à ces "trucs-machins". Ouf, les punks s'éloignent. Qu'est-ce qu'ils peuvent dégager comme impression de violence et de cruauté, des vraies bêtes, ces gens-là ! ». S'interdire absolument de penser de façon stéréotypée est donc doublement coûteux. Les efforts consentis avec les deux tâches (ne pas penser et vérifier) empêcheront les gens de s'investir dans une interaction épanouissante. L'échec est donc total ; la censure des stéréotypes n'est pas une solution adéquate.

L'UTILITÉ DES STÉRÉOTYPES

Selon Becker, c'est parce que l'homme n'est pas un géant qu'il est incapable d'avaler d'un coup l'univers et doit, comme les castors, se contenter de le grappiller.[3] Becker écrit merveilleusement bien et l'on aimerait être d'accord avec lui à cause de la séduction qu'opère son

---

2. Peeters, G., & Czapinski, J. (1990). Positive-negative asymmetry in evaluations : The distinction between affective and informational negativity effects. *European Review for Social Psychology*, 1, pp. 33-60.

3. Becker, H. (1973). *Outsiders : Studies in the Sociology of Deviance*. New York : Freer Press.

style. Néanmoins, si l'homme était un ogre susceptible d'engloutir en une fois l'univers, il ferait preuve de son incapacité à penser. C'est parce que les gens sont dotés d'intelligence qu'ils peuvent grappiller le monde et l'organiser en diverses catégories de tout genre.

Catégoriser le monde revient à faire preuve d'intelligence parce que, ce faisant, nous sommes à même de mieux le maîtriser. Avec économie, la catégorisation donne un sens à un environnement qui, sans elle, ne serait que pur chaos. Distinguer les minéraux des animaux va nous permettre de nous mouvoir dans le monde. En achoppant une pierre, on ne craindra pas qu'elle nous saute dessus par représailles. On ne s'échinera pas à dire « debout », « assis », « couché » à une tulipe en espérant qu'elle obéira comme un chien. Bien malheureux celui qui serait incapable d'établir des catégories et d'en tirer les leçons pour son parcours dans la vie. Il serait devant un fouillis d'éléments dont il devrait apprendre chaque nom, et même si cette connaissance était maîtrisée, elle lui serait inutile à l'arrivée d'un nouvel événement, objet ou animal. Il devrait apprendre à reconnaître cette nouveauté. Économie, signification, action et apprentissage sont favorisés par la catégorisation.

Parmi toutes les catégories possibles, il y a celles des objets sociaux : les extravertis, les Français, les psychologues... Contrairement à d'autres, et à moins de recourir aux définitions des dictionnaires, les catégories sociales ont la particularité d'être arbitraires. Pourquoi les Belges et les Français ne s'appellent-ils pas simplement des Européens ? D'ailleurs, la Belgique n'existe pas depuis si longtemps et elle n'existera peut-être plus dans quelques années. En ce sens, la catégorie « Belge » est différente de la catégorie « ovipare » qui exige, quels que soient le biotope et le millésime, une reproduction par œufs pondus avant ou après la fécondation. Dans la mesure où nous pensons la réalité en catégories sociales, il est impossible de faire l'impasse sur les stéréotypes. Ne pas en avoir reviendrait à considérer ces catégories comme des coquilles vides ou uniquement peuplées d'individus uniques. Ces deux solutions sont absurdes. En effet, si les catégories sont vides d'attributs, de caractéristiques, ou seulement composées d'individus singuliers, on ne voit pas pourquoi on aurait besoin de catégories sociales et l'on retomberait dans le chaos évoqué plus haut. Les stéréotypes constituent les indispensables représentations mentales qui remplissent les catégories. Ils le font d'une manière telle qu'ils traînent derrière eux une réputation de tares ou de déficiences. Dans la section précédente, j'ai passé en revue les défauts majeurs, et non racistes, dont on affuble généralement les stéréotypes. Avoir des défauts ne signifie pas pour autant être inutile. Maintenant, je voudrais détailler les aspects bénéfiques des stéréotypes.

Voici une expérience de psychologie sociale qui, à première vue, n'a rien à voir avec le racisme et les stéréotypes. Elle est pourtant essentielle pour la compréhension de la stéréotypie. Les participants sont des étudiants anglais. Ils voient plusieurs fois et dans un ordre aléatoire une série de huit diapositives. Sur chacune d'elles figure une ligne verticale de longueur différente. Lors de la dernière vision de ces huit diapositives, les étudiants doivent exprimer la longueur des différentes lignes. Leurs jugements correspondent à la réalité. D'autres participants voient des diapositives légèrement différentes en ce sens que chaque ligne est accompagnée de la lettre A ou B. Cette distribution de lettre a été faite au hasard et le jugement final coïncide à nouveau avec la longueur objective des lignes. Dans un troisième groupe, les lignes sont à nouveau accompagnées de la lettre A ou B, mais, cette fois, la même lettre, par exemple A, est appariée aux 4 lignes les plus courtes et l'autre lettre, B, aux 4 lignes les plus longues. Cette dernière situation crée deux groupes différents de lignes : les courtes A et les longues B. Une telle catégorisation a un effet drastique sur les jugements. Deux phénomènes se produisent simultanément. D'une part, les participants homogénéisent la longueur des lignes à l'intérieur d'une même catégorie, et ils accentuent les différences de taille entre les deux catégories[4].

Remplacez les lettres par des pays, par exemple, et les lignes par des comportements, et l'on sera très près des stéréotypes. Tous les Français se ressemblent (plus que dans la réalité) et ils sont très différents des Belges (qui se ressemblent aussi). Les phénomènes d'accentuation des similitudes à l'intérieur des catégories et des différences entre catégories sont donc des processus tout à fait normaux. Dans le cas de groupes sociaux avec lesquels il faut interagir, les jugements sur les membres auront souvent trait à des descriptions ou à des évaluations de leurs comportements ou de leurs traits de personnalité. Ces jugements

4. Tajfel, H. (1981). *Human Groups and Social Categories.* New York : Cambridge University Press.

seront, par définition, des généralisations. C'est l'ensemble du groupe qui est jugé sur une caractéristique estimée à tort ou à raison typique, et non telle ou telle personne.

Cette généralisation est à la base de beaucoup de malentendus et pourtant, ses deux principaux résultats – l'homogénéité et le prototype – sont d'une utilité phénoménale. L'*homogénéité* à l'intérieur des catégories facilite énormément l'usage de celles-ci. On peut s'attendre à des caractéristiques plus ou moins semblables sans devoir dénicher toutes les nuances. Un *prototype* nous aidera ; c'est le meilleur exemplaire de la catégorie. Ceci ne veut pas dire que tous les groupes sont uniformément homogènes ou qu'ils aiment l'être. L'endogroupe majoritaire se dit généralement plus varié que la minorité, et celle-ci revendiquera d'ailleurs l'homogénéité quand elle veut paraître cohérente et solidaire.

Dans la mesure où la réalité est éparpillée en diverses catégories sociales, les stéréotypes sont là pour nous guider dans le puzzle et lui donner une signification, même tautologique. Si la réalité est comparable à une carte d'état-major, le stéréotype ressemble à un schéma pour se rendre à un domicile inconnu. Il y a beaucoup de chances que la plupart d'entre nous trouverons plus facilement le chemin avec le schéma qu'avec la carte d'état-major. À moins d'être un spécialiste en topographie, le schéma est beaucoup plus utile que la carte d'état-major qui fournit trop de renseignements, le plus souvent inutiles. Pour bien l'utiliser, il faut accepter que le schéma ne soit qu'une approximation ou une généralisation.

Nous avons déjà répondu à deux reproches habituellement adressés aux stéréotypes : leur caractère généralisant plutôt qu'individualisant, et leur perspective simpliste. On attaque aussi les stéréotypes parce qu'ils sont rigides, ne s'adaptant pas à la réalité singulière et dynamique. Cette critique oublie leur fonction. Supposons qu'un individu doive juger un membre d'un groupe. Imaginons aussi qu'il possède des informations allant au-delà du stéréotype et qui sont pertinentes pour le jugement. Dans ce cas, il est évidemment souhaitable que tous les éléments soient pris en compte, c'est-à-dire aussi bien ceux sur cette cible particulière que les croyances sur le groupe dans son entièreté. Pour continuer avec la métaphore du schéma routier, nous n'allons pas deviner la faune et la flore susceptibles d'être rencontrées sur le trajet uniquement à partir du schéma que nous tenons en main. Donc, si diverses informations sont disponibles et que notre juge s'en tient uniquement au stéréotype, il y a de fait paresse. Néanmoins, le schéma est utile. Si le schéma indique que nous sommes dans un désert sans point d'eau à des kilomètres à la ronde, nous ne passerons pas notre temps à chercher des palmipèdes.

JUGEABILITÉ SOCIALE

Il ne faut pas croire non plus que les gens sont prêts à spéculer sur la personnalité de quelqu'un à partir d'une seule généralisation comme l'appartenance catégorielle. Deux psychologues, Darley et Gross, ont imaginé une expérience fascinante à ce propos.[5] Par vidéo, ils ont montré la petite Hannah dans son environnement journalier. La moitié des participants voyait une Hannah riche alors que pour l'autre moitié, elle était pauvre. Ensuite, se basant sur la relation entre intelligence et statut socio-économique, ils ont demandé à tous les participants d'estimer les résultats scolaires d'Hannah. Pas de différence ! Les gens ne tombaient pas dans le piège du stéréotype aveuglant. À d'autres participants, les auteurs ont montré non seulement la première vidéo concernant l'environnement, mais également une autre dans laquelle Hannah passait un pseudo-test d'intelligence dont les résultats (inexistants) étaient impossibles à deviner. Cette fois, les gens étaient victimes de leurs stéréotypes. Hannah riche était jugée plus intelligente qu'Hannah pauvre. Selon mes idées théoriques de l'époque, ces résultats étaient dus à la « psychologisation » de la situation (un test d'intelligence). Quand les individus croient disposer d'informations psychologiques, ils se sentent capables d'émettre des jugements psychologiques.

Avec des collègues, nous avons donc mis au point une expérience où l'on devait entendre l'interview d'une personne.[6] En fait la personne avait seulement le temps de dire sa profession : comédien ou bibliothécaire. À nouveau, il fallait répondre à un test centré sur l'extraversion (comédien) et l'introversion (bibliothécaire) et, à nouveau

---

5. Darley, J. M.,Gross, P. H. (1983). A hypothesis-confirming bias in labeling effects. *Journal of Personality and Social Psychology*, 44, pp. 20-33.

6. Yzerbyt, V. Y., Schadron, G., Leyens, J. Ph., & Rocher, S. (1994). Social judgeability : The impact of meta-informational rules on the use of stereotypes. *Journal of Personality and Social Psychology*, 66, pp. 48-55.

les participants ne prirent pas position. Avec d'autres participants, le début de l'interview fut suivi d'une tâche d'écoute soi-disant dichotique : on disait aux sujets qu'on leur enverrait un message différent dans chaque oreille et qu'ils devaient essayer de faire spécialement attention à ce qu'on leur dirait dans l'oreille droite et qui n'avait rien à voir avec les deux interviewés. On ajoutait qu'on leur donnerait des informations sur le comédien et le bibliothécaire dans l'autre oreille. Nous savions très bien que, dans ce genre de tâche, les sujets sont dans l'incapacité totale d'entendre ce qu'ils reçoivent dans l'oreille à laquelle ils ne prennent pas attention. C'était en fait une série de phrases n'ayant aucun rapport avec la cible. Il n'empêche que, pour les sujets, soudainement, le comédien devenait très extraverti et son collègue très introverti ! En d'autres termes, il suffisait que les gens se croient en position de juger pour qu'ils le fassent effectivement. Alors qu'ils n'avaient pas plus d'informations individualisantes que leurs collègues, ils croyaient les avoir et pouvoir donner un jugement personnalisé.

Bien qu'utile, le stéréotype peut être dangereux. En voici une autre preuve. Dans des groupes d'étudiants universitaires en administration des entreprises (une excellente réputation donc !), on a désigné des responsables et des subordonnés. Il était clair pour tous les participants que la répartition des rôles était aléatoire – à l'aide de tables de nombres au hasard. Ensuite, tous les étudiants ont dû répondre à des questions concernant la personnalité d'un individu sur la base de son nom et de son adresse. Comme attendu, les responsables se sont montrés plus confiants dans leurs jugements que les subordonnés. « Je suis chef et donc je sais ». Si cet exemple réel vous paraît artificiel, prenons-en un autre. Vous (homme ou femme) êtes juge face à un cas de divorce. Les auditions sont orageuses et les torts entre époux sont partagés. À qui allez-vous confier la garde d'un jeune enfant ? Voici une des justifications en vue d'une loi sur l'adoption parentale telle que rédigée dans un rapport du Sénat français : « rétablir un équilibre des responsabilités entre hommes et femmes dans le sens d'une plus grande présence des pères ».[7] Ce texte a répondu à votre place : il présuppose que les femmes ont la fibre maternelle et que la place des enfants est chez elle. Il est à espérer que jamais un(e) juge ne baserait la justification de sa décision sur un raisonnement aussi simpliste, mais dans tout le fatras des auditions et sur base de dossiers volumineux, il ou elle

7. http ://www.senat.fr/rap/r01-066/r01-0660.html

trouvera suffisamment d'arguments pour justifier une décision qui ne se veut pas stéréotypée, mais qui a pourtant beaucoup de chances de l'être puisqu'elle avantage presque systématiquement les mères selon le texte du Sénat.

LE VÉRIDIQUE SERAIT-IL INDIVIDUEL ?

C'est sans doute le moment d'évoquer l'illogisme et l'immoralité des stéréotypes. Le juge qui attribue les enfants au père ne commet-il pas une décision illogique, puisque tout le monde s'accorde à reconnaître la supériorité des mères ? De plus, la décision illogique n'étant pas sans effet sur la moralité, le juge ne se montre-t-il pas immoral ? Ce serait le cas si la décision reposait sur un simple *a priori*, même si l'*a priori* se révélait somme toute correct. Ce ne sera pas le cas si le juge s'entoure des informations qui lui semblent importantes et qu'il a soigneusement examinées. Le reproche qu'il est illogique de juger un individu à partir de sa catégorie d'appartenance est mal fondé. Par définition, les stéréotypes s'adressent à une catégorie rassemblant des individus plus ou moins semblables mais néanmoins différents entre eux. Comment pourrait-on logiquement, ou moralement, appliquer les mêmes critères à la catégorie entière et à un individu ?

Je ne suis donc pas d'accord avec ces derniers reproches lorsqu'ils sont pris à la lettre. Est-il illogique, déraisonnable ou même immoral, de juger quelqu'un sur base de sa seule appartenance catégorielle et des croyances attachées à cette appartenance ? J'estime que cela dépendra du type de jugement, de son importance pour la cible. Est-ce un jugement qui exige de la précision comme dans le cas d'un examen d'embauche ou de promotion ? Heureusement on vient de voir que, dans ces situations, beaucoup de gens résistent à baser leur jugement sur la seule appartenance catégorielle. Il y a des tas d'autres situations qui demandent des jugements beaucoup moins précis et où il est logique, raisonnable et moral de tenir compte de l'appartenance catégorielle, surtout si c'est la seule information que nous détenons. Avant de s'engager dans un quartier inconnu le soir, il peut être bon de se fier à ses stéréotypes. Il n'y a là rien d'immoral et de déraisonnable. Une information, même si c'est une croyance, vaut mieux qu'aucune information et si on la possède pourquoi ne pas en tenir compte ? C'est du bon sens, et même de la simple logique. Si la seule chose que je sache d'une femme que je vais rencontrer à une soirée est qu'elle une femme d'affaires, ou d'un homme qu'il est athée, je serais idiot de les aborder en parlant chaussettes avec la femme et Ancien Testament avec l'homme ! Bien sûr, je peux me tromper, comme je pourrais tout aussi bien divaguer en ayant davantage d'informations sur ces personnes.

Prétendre que les stéréotypes sont nécessairement faux revient à les dénaturer et à les confondre avec des descriptions. Qui plus est, avec des descriptions réalistes, exactes, d'autrui, et l'on me concédera volontiers que nos impressions, minutieuses, fines, d'autrui ne sont pas gage d'exactitude. Qui oserait défendre d'ailleurs que la réalité sociale est objective ? Dans ce cas, pourquoi condamner une croyance qui se déclare abusive à propos d'un groupe et accepter une observation subjective qui se targue d'être vraie à propos d'un individu ? Dire de tel Italien plutôt que d'un Italien qu'il est exubérant n'est en aucune façon une assurance de vérité.

Il est étrange que les stéréotypes continuent à être attaqués par des chercheurs qui n'ont aucun scrupule à utiliser des tests de personnalité. Selon ces chercheurs que l'on nomme « personnologistes », les traits de personnalité ne relèveraient pas de la croyance contrairement aux stéréotypes, mais seraient des reflets de la réalité objective individuelle que l'on peut mesurer « scientifiquement ». Il y a une quarantaine d'années, Mischel a écrit un livre dévastateur pour le concept de personnalité[8]. Chiffres à l'appui, il montrait que le comportement dépendait essentiellement des situations plutôt que de la personnalité. Celui qui est autoritaire avec ses subordonnés rampe peut-être devant sa femme. Tel autre qui agit de manière extravertie quand il exerce une fonction dotée de prestige est en fait un introverti quand il ne peut plus se cacher derrière son statut.

Après une période de silence comateux dû à l'ouvrage de Mischel, le concept de personnalité est à nouveau respectable et à l'honneur, et les personnologistes sont revenus à l'avant-plan avec une panoplie d'astuces méthodologiques dont je vous fais grâce. Je voudrais simplement faire remarquer que, malgré leur arsenal méthodologique, les personnologistes restent incapables de prédire un comportement spécifique dans une situation donnée. En d'autres termes, tout ce qu'ils peuvent faire après connaissance des résultats à une batterie de tests, c'est une

8. Mischel, W. (1968). *Personality and Assessment.* New York : Wiley.

généralisation prudente. Ce n'est pas pour autant que je rejette la notion de personnalité, qui est un instrument utile pour le psychologue aussi bien que pour l'homme de la rue. Mais je ne comprends pas pourquoi les stéréotypes seraient rejetés par ceux-là mêmes qui défendent un concept qui répond aux mêmes finalités sans être beaucoup plus précis. Sur quelle base serait-il légitime de dire que Charles a telle personnalité parce qu'il a répondu de telle façon à un test et illégitime de dire que Camélia a telle autre caractéristique parce qu'elle fait partie de tel groupe ? Les défenseurs de la personnalité diront que leurs instruments ont été validés scientifiquement alors que les stéréotypes relèvent de superstitions, de croyances erronées. En fait, à voir les résultats des tests de personnalité, ils ne vont pas beaucoup au-delà de croyances générales. J'ai moi-même écrit un ouvrage montrant que les théories contemporaines de la personnalité ne différaient pas fondamentalement de celle de Monsieur ou Madame Tout-le-monde, ni de celles de l'Antiquité basées sur les humeurs (bile, sang, etc.) et les éléments fondamentaux (air, terre, etc.)[9]. Il me semble donc qu'il y a une injustice à traiter différemment les traits de personnalité et les stéréotypes à cause d'une légitimité accordée à la science qui serait prétendument plus grande pour les premiers que pour les seconds.

À quelques nuances près, ce qui vient d'être écrit de la personnalité vaut pour les différences interculturelles.[10] Il y a, de nouveau, deux poids et deux mesures. Alors que les stéréotypes sont honnis, ces différences entre cultures sont actuellement mises sur le pavois et ceux qui les étudient sont considérés comme progressistes. On distingue, par exemple, les sociétés individualistes comme les nôtres, des sociétés plus collectivistes comme le Japon, le Brésil ou l'Inde. On prétend que les habitants des secondes sont plus solidaires, davantage attachés à leur groupe de base comme la famille, moins ethnocentriques que ceux des premières, et bien d'autres choses positives encore. En quoi de telles affirmations sont-elles différentes de stéréotypes ? La question est d'autant plus pertinente que beaucoup de ces études interculturelles parlent des Asiatiques (souvent de l'Est) et des Africains comme s'il n'y avait pas de différence entre les Japonais et les Coréens, ou entre

---

9. Voir Leyens, J. Ph. (1983). *Sommes nous tous des psychologues ?* Sprimont : Mardaga.

10. Markus, H., & Kitayama, S. (1991). Culture and the self : Implications for cognition, emotion, and motivation. *Psychological Review*, 98, pp. 224-253.

les Bantous et les Zoulous. En matière de généralisation, on ne peut guère faire mieux.

Qu'en est-il de la rigidité et de la paresse intellectuelle, c'est-à-dire de nos schémas de pensée ? C'est une absurdité de soutenir à la fois qu'un stéréotype est trop rigide et que celui qui persiste à l'utiliser est nécessairement paresseux. En effet, s'il y a rigidité, cela signifie que le stéréotype est défendu bec et ongles en dépit d'informations contraires. C'est d'ailleurs cette persistance dans le stéréotype qui irrite, mais ce reproche est étrange car on ne fait pas le même procès aux théories scientifiques. Or, les stéréotypes sont les théories de Monsieur Tout-le-monde pour se débrouiller dans la vie quotidienne. De même que les scientifiques ne sont pas prêts à abandonner immédiatement leur théorie favorite devant des résultats contradictoires, on ne voit pas pourquoi il devrait en être autrement avec les stéréotypes. Si nous devions constamment les mettre en question, ils ne répondraient plus à leur fonction qui est de nous guider et de donner un sens à ce que nous vivons. Avoir un cerveau sans idées préconçues n'a jamais été d'une grande utilité, pas plus qu'un cerveau qui n'aurait que des idées erronées ! Encore que Péguy écrivait qu'il vaut mieux qu'une idée soit mauvaise plutôt que toute faite ! Les stéréotypes des Américains à l'égard des Japonais, en 1933, étaient très flatteurs : intelligents, travailleurs et progressifs. Les Allemands aussi bénéficiaient d'une image favorable à la même époque. Dans les deux cas, celle-ci vola en éclat avec Pearl Harbor, pour revenir à son niveau de départ quelques années après la fin de la guerre.

Censurer les stéréotypes explicitement négatifs ne me semble pas constituer une solution valable. En effet, à partir de quel degré de négativité faudra-t-il opérer ? Certains stéréotypes apparemment positifs, comme brave ou le sens de la fête, n'ont-ils pas une connotation dénigrante ? En fait, si, dans la vie de tous les jours, les gens polis s'abstiennent d'exprimer des stéréotypes déplaisants, comme la cruauté ou brave par exemple, les personnes opposées aux stéréotypes ne font pas de distinction selon la valence, positive ou négative. Pour elles, tous les stéréotypes sont à proscrire. Toutefois, nous en revenons à la case départ s'il faut bannir tous les stéréotypes. Nous sommes obligés de fonctionner avec des catégories, mais il faudrait agir comme si nous n'en avions pas. Les différences entre groupes sont étudiées et avérées, mais c'est la cécité qui est de rigueur !

***

Arrivés à ce point, une conclusion provisoire peut s'avérer avantageuse, avant d'envisager l'usage raciste des stéréotypes. Un fonctionnement adéquat avec la réalité demande que celle-ci soit découpée en catégories. Il en va de même avec les objets sociaux qui formeront des groupes. Nous accentuons aussi les similitudes à l'intérieur de catégories (sociales ou non) de même que les différences entre catégories. Étant donné que les gens doivent interagir, directement ou indirectement, avec les membres de leur groupe et des autres groupes, il est indispensable qu'ils aient une idée de ce qui les attend. En d'autres termes, ils doivent se forger une théorie, naïve mais la plus valable possible, sur ces membres. D'une part, ils ne peuvent pas se permettre d'émettre et de tester plusieurs hypothèses sur chaque individu ; ils doivent se contenter d'*a priori* reposant sur ce qui est le plus caractéristique de l'ensemble des membres de son groupe. D'autre part, ces généralisations, faciles à effectuer puisque découlant d'un processus normal d'accentuation des similitudes, se doivent d'approcher un « noyau de vérité ». Si ce n'est pas le cas, le gain de la théorie disparaît au profit d'un handicap aux lourdes conséquences. Ces théories naïves sont les stéréotypes, et les gens leur trouvent une relative validité dans le fait qu'elles sont partagées par les autres membres de leur groupe et qu'il y a un « noyau de vérité ».

Si les stéréotypes existent pour faciliter les échanges entre groupes, il devient banal d'observer qu'ils sont chargés de valeur. Si l'on veut interagir efficacement, peu importe de savoir en quoi les autres sont ternes et incolores. Ce qui est indispensable, c'est de savoir ce qui est vraiment bon et vraiment mauvais. C'est là que sont le plaisir et le danger ! Il n'y a donc rien d'étonnant à ce que les stéréotypes soient éminemment évaluatifs. Puisqu'existe un processus normal d'accentuation des différences entre groupes et que le favoritisme de l'endogroupe contribue à la survie, ainsi qu'on l'a vu dans le chapitre précédent, il en découle que les stéréotypes employés pour les autres groupes seront moins favorables que ceux que l'on s'attribue.

Les généralisations évaluatives que sont les stéréotypes sont des simplifications de la réalité, mais pas nécessairement des simplismes. Utilisés comme des théories naïves pour guider l'action et lui donner sens, les stéréotypes résistent aux informations contradictoires. Toutefois, cette résistance ne signifie pas pour autant raideur. Au contraire, on pourrait même reprocher aux stéréotypes trop de flexibilité, s'adaptant aux circonstances au gré du bon vouloir de ses tenants. En quelque sorte, les stéréotypes seraient comme les proverbes qui conviennent à toutes les situations (« qui se ressemble s'assemble » et « les contraires s'attirent »).

J'espère pour les relations entre groupes que les stéréotypes employés ont un « noyau de vérité », mais ce dernier n'implique nullement qu'ils s'appliquent à tous les membres d'un groupe. Que du contraire, puisque les stéréotypes sont par définition des généralisations. Il serait donc tout aussi absurde de croire qu'un stéréotype raconte nécessairement la vérité sur un membre quelconque d'un groupe que de se passer d'une information stéréotypée quand c'est la seule information dont on dispose.

Chapitre 5
L'usage raciste des stéréotypes

Un matin, comme cela arrivait parfois, je reçus un coup de téléphone d'une station de radio-TV belge pour une interview sur « la petite Marocaine en Hollande ». « Veuillez m'excuser mais je n'ai pas écouté la radio ce matin et ne sais pas de quoi il s'agit. » « Eh bien, une petite Marocaine s'est noyée dans l'étang d'un parc en Hollande. Il y avait plein de monde qui pique-niquait ou jouait, mais personne n'est intervenu. » J'avais évidemment subodoré vers où le journaliste voulait m'embarquer, mais je lui répondis : « Je regrette mais je ne peux vous donner d'interview parce que, d'après ce que vous m'avez dit, elle aurait dû être aidée. C'est le cas quand des témoins se connaissent. La non-assistance intervient généralement quand les témoins ne se connaissent pas. » Pas d'interview, donc, mais je n'avais pas d'inquiétude pour le journaliste qui finirait bien par trouver quelqu'un. Cela ne rata pas ; le soir, on eut droit à des explications raciales. Le lendemain matin, j'étais seul à pouvoir me glorifier de ma réponse de la veille. Les journaux informaient qu'après vérification, plusieurs personnes s'étaient jetées à l'eau pour tenter de sauver la petite Marocaine, mais en vain.

Voici un autre fait divers. Le vendredi 9 juillet 2004, Marie L., une jeune femme de 23 ans, se présente pour porter plainte au commissariat d'Aubervilliers (Seine-Saint-Denis). Elle affirme avoir été victime dans la matinée d'une agression à caractère antisémite, sur la ligne D du RER, entre Louvres et Sarcelles, alors qu'elle voyageait avec son bébé. Ce fait divers a fait la une de tous les journaux. Depuis le Président de la République au simple comitard, tout le monde s'indigna de cette attaque raciste et de la non-réaction des autres passagers. On ne disait pas que les suspects étaient Maghrébins mais, pour l'imaginaire, c'était une précaution inutile (mais sage au vu du cas suivant : à la suite d'un crime en Belgique, à partir d'images vidéos, on « verra » un Nord-Africain à la place d'un Polonais blond !). « [La ministre]

Nicole Guedj a estimé que l'antisémitisme des agresseurs, selon le récit de la jeune femme, ne faisait aucun doute », précise encore la dépêche, qui signale en outre que « la ministre a appelé les témoins à se manifester pour "que l'on puisse très vite retrouver et sanctionner les auteurs de ces actes indignes" ».[1] Quelques jours plus tard, on se rendra compte que tout n'était qu'affabulation de la part de la jeune femme qui, par ailleurs, n'était pas juive !

Les deux exemples ci-dessus ont manifestement trait aux stéréotypes et à leur usage raciste. Il y a le stéréotype des témoins apathiques et indifférents. Il a celui du Nord-Africain antisémite. Il y a l'antagonisme entre Nord-Africains et Hollandais, qui ne s'envoient pas que des noms d'oiseaux.

Dans son admirable livre *Le Racisme expliqué à ma fille*, Tahar Ben Jelloun recommande de bannir du langage les expressions « racistes » qui reposent sur des stéréotypes, comme « tête de Turc », « rire jaune » ou « trimer comme un nègre ». On ne peut être que d'accord avec lui. Ces expressions reviennent à des insultes comme « bougnoule », « macaroni » ou « youpin ». Néanmoins, des stéréotypes circulent dans les conversations les plus anodines. S'il est une situation où tout le monde est conscient des stéréotypes en jeu, c'est bien celle de la blague. Mais est-ce nécessairement du racisme que de raconter des blagues « racistes » et d'en rire ?

LE CAS DES BLAGUES RACISTES

Je partirai du postulat que le narrateur n'a nullement l'intention d'exprimer un quelconque racisme et je supposerai que la blague est de bon goût, spirituelle et racontée dans un contexte adéquat, peut-être devant les cibles mêmes du stéréotype, c'est-à-dire pour les taquiner et non pour les insulter. C'est d'ailleurs le genre d'histoires dont les cibles se délectent entre elles. Un excellent exemple est le comique français Coluche, qui s'était fait une spécialité des blagues belges ; la Belgique en raffolait au point de se persuader que l'aspect surréaliste de ces blagues ne pouvait avoir été imaginé que par des Belges. Il me semble qu'il en va de même avec les blagues juives, qui ont une saveur toute spécifique.

1. AFP, 11.07.2004, 19 h 56.

Tout le monde ne réagit pas comme les fans de Coluche. J'ai souvent observé la surprise, d'abord embarrassée et ensuite amusée, de collègues américains qui venaient en Europe et entendaient les blagues que les Européens se racontaient les uns à propos des autres. Il est vrai que les seules recherches (américaines d'ailleurs) que je connaisse à ce propos montrent que plus on apprécie les blagues racistes, plus on a tendance à être raciste. Ces études ne me convainquent pas car elles peuvent simplement signifier que ceux qui ont l'honnêteté d'admettre leur amusement ont également la lucidité de reconnaître qu'ils ne sont pas complètement non-racistes. Mes collègues américains finissaient généralement par reconnaître que l'Europe, avec ses nombreux pays, constituait un cas particulier où les blagues pouvaient s'échanger entre égaux sans être vécues comme des stigmatisations. En d'autres mots, la conviction de ces psychologues était que la blague raciste est une manifestation de racisme sauf, peut-être, là où la diversité culturelle s'exprime entre amis de même statut. Pour beaucoup, exprimer une blague stéréotypée est tabou. Les gens connaissent les blagues mais se doivent de les garder secrètes. Les secrets se soufflent à une personne à la fois et les stéréotypes se distillent entre amis seulement.

LES RECHERCHES SUR L'USAGE RACISTE DES STÉRÉOTYPES

Lorsque, en 1922, le commentateur politique Walter Lippmann[2], à l'origine de l'expression « Guerre froide », utilisa le mot « stéréotype » dans son sens moderne, il n'imaginait certainement pas son succès en psychologie sociale. Pour lui, le stéréotype était une sorte de représentation schématique, d'image mentale, qui servait à la reproduction d'une idée. On pouvait avoir un stéréotype du socialisme, de la démocratie, etc. Ce fut une dizaine d'années plus tard, que les chercheurs mirent au point des méthodes pour recueillir ces « images dans notre tête ». Dès lors, et jusque dans les années 1980, les chercheurs intéressés par les stéréotypes vont fonctionner comme des académiciens responsables de dictionnaires. Ils vont essayer de recueillir les stéréotypes de la plupart des gens sur la plupart des gens et dans la plupart des circonstances. À mes yeux, une des seules idées intéressantes pendant

2. Lippmann, W. (1922). *Public Opinion*. New York : MacMillan.

cette période se situe au moment où l'on réussit à mesurer les stéréotypes. On se rendra compte que les sujets (blancs) osent se monter plus péjoratifs dans leurs stéréotypes lorsque ceux-ci sont récoltés de manière publique. En d'autres termes, dans les années 1930, il était de bon ton de se montrer raciste vis-à-vis des Noirs !

Une autre recherche[3] se révélera très importante, surtout pour ses implications[4]. Dans les années 1950, des psychologues américains ont réalisé l'expérience suivante. Ils montraient plusieurs dessins à des volontaires blancs qui devaient chacun raconter ce qu'ils avaient vu à d'autres personnes blanches, qui faisaient de même avec une série de troisièmes transmetteurs, et ainsi de suite jusqu'à ce que les chercheurs demandent aux dernières personnes, en bout de chaîne, de rapporter ce qui se trouvait sur les dessins présentés au tout début. Un des dessins est particulièrement pertinent pour notre propos. Il représentait l'intérieur d'une rame de métro. Des personnes, femmes, hommes, enfants étaient assis et, au milieu du dessin se trouvaient deux hommes debout. L'un deux était un Noir en costume trois pièces portant un attaché-case, l'autre était un Blanc en salopette de travail avec un outil à la main. Ce contenu rapporté par le dernier maillon de la chaîne se révélait fort différent : « une rame de métro avec un Blanc bien habillé près d'un ouvrier noir qui tenait un couteau à la main. » Cette « chaîne de rumeurs » est une excellente illustration – toujours d'actualité – de la façon dont les idées reçues, les stéréotypes se transmettent, contribuant ainsi à leur propagation, leur maintien et leur renforcement.

Avant de résumer l'apport récent des études sur les stéréotypes, il y a lieu de se demander si leur usage raciste n'altère pas leur nature. Supposons que des personnes taxent les Néerlandais d'avarice. Veulent-elles dire par là que c'est à cause de leur avarice (« inhérente ») que les Néerlandais adoptent des comportements plus qu'économes, ou signifient-elles que l'observation répétée de comportements radins de la part des Néerlandais leur fait dire qu'ils sont avares ? Dans le premier cas, le trait de personnalité précède, cause les comportements, alors qu'il les décrit dans le second. On aura compris que le premier usage est certainement raciste. En effet, dans ce cas, le stéréotype n'est plus

3. Allport, G. W., & Postman, L. (1946). An analysis of rumor. *Public Opinion Quaterly*, 10, pp. 501-517.

4. Schneider, D. J., (2004). *The Psychology of Stereotyping*. New York : Guilford Press.

une généralisation à partir d'observations mais une donnée de départ qui impose ces mêmes observations.

Ce sera une série d'études très simples, malgré le recours à une méthode de mesure implicite, qui contribuera à relancer théoriquement les études sur les stéréotypes.[5] D'une part, des sujets Blancs non racistes répondent à un questionnaire dans lequel ils font montre de leur connaissance, mais pas de leur acceptation, des stéréotypes concernant les Noirs. Dans une expérience menée en parallèle, d'autres sujets blancs « entendent » une série de mots à une vitesse telle qu'il est impossible de dire qu'on soit conscient de les avoir entendus. Parmi ces mots, la grande majorité a trait aux Noirs (par exemple, « ghetto »), Noirs qui sont par ailleurs stéréotypés comme étant violents. D'autres sujets sont aussi soumis à l'écoute rapide de mots mais, cette fois, seulement quelques-uns ont trait aux Noirs. Enfin, tous les sujets doivent donner leur jugement à propos d'un certain Donald (sans ethnie renseignée), dont le comportement agressif est ambigu ; il se montre irritable mais a chaque fois de bonnes raisons de l'être. Ce sont les sujets qui ont reçu beaucoup de mots concernant les Noirs, stéréotypés comme violents, et qui selon le jargon psychologique ont été « amorcés » par le vocabulaire « noir », qui jugent Donald plus agressif. En somme, tout le monde connaît les stéréotypes concernant les Noirs, mais un grand nombre ont banni les termes associés à ces stéréotypes de leur vocabulaire. Toutefois, avec cette expérience, on constate que le racisme n'est pas complètement expurgé puisqu'il suffit d'une amorce inconsciente pour réactualiser l'usage raciste des stéréotypes.

Selon Frederikson[6], une autorité mondiale sur le racisme, « c'est lorsque des différences qui devraient normalement être considérées comme ethnoculturelles sont perçues comme innées, indélébiles et inchangeables que l'on peut dire qu'une attitude ou une idéologie raciste existe ». Tout en étant correcte, la notion de racisme telle qu'entendue par Frederikson me semble extrême. Si les gens stéréotypaient toujours en raison d'une théorie biologique, il devient difficile de comprendre pourquoi les stéréotypes des Américains à propos des Japonais

---

5. Devine, P. G. (1989). Stereotypes and prejudice : their automatic and controlled components. *Journal of Personality and Social Psychology*, 56, pp. 5-18.

6. Frederikson, G. M. (2002). *Racism. A Short History*. Princeton : Princeton University Press, p. 5.

et des Allemands ont varié en fonction des périodes de paix et de guerre entre ces pays. Une solution serait d'imaginer que la théorie biologique change avec les circonstances. Une telle solution ne résiste toutefois pas à l'analyse si l'on prend en compte l'observation suivante. Supposez que vous, Français, ayez à donner les stéréotypes des Français, des Américains, des Canadiens et des Suisses. Quels seront les stéréotypes que vous aurez donnés des Américains ? Seront-ils les mêmes, et aussi négatifs (je les suppose négatifs) que si vous aviez eu à stéréotyper des Américains, des Russes, des Turcs et des Iraniens ? Ils seront plus négatifs dans le premier cas que dans le deuxième. Le contexte dans lequel les stéréotypes interviennent colore donc leur contenu. Dans le premier cas, les « Américains » contrastent dans un contexte positif et sont donc vus négativement ; dans le second cas, le contexte est négatif et on peut présager que les « Américains » y sont bien vus positivement par contraste. Pour autant, ceci ne signifie pas qu'il n'existe pas un usage biologique, raciste, des stéréotypes.

Il y a quelques années ont parues des statistiques anglaises qui ont fait scandale : 37 % des hommes noirs de Grande-Bretagne ont leurs empreintes ADN recensées dans le fichier national de la police, alors que seuls 9 % des hommes blancs y figurent.[7] Toutes ces personnes n'ont pas nécessairement été condamnées ou même poursuivies. On se trouve là face au délit de faciès (ou de « sale gueule ») reposant sur le stéréotype que les étrangers de couleur, et tout particulièrement les Noirs, sont voleurs et violents. Ce délit s'explique certainement par du racisme explicite de la part de certains policiers, mais il est également dû à la mise en application inconsciente, involontaire, de la croyance selon laquelle les Noirs sont davantage enclins à la délinquance.

Vous êtes un policier blanc invité à jouer à un jeu vidéo consistant à abattre le plus vite possible des cibles armées apparaissant un court instant à n'importe quel endroit de l'écran. La vitesse est une des difficultés de ce jeu, l'autre étant que certaines cibles ne sont pas armées et qu'on ne peut dès lors pas leur tirer dessus. J'oubliais une chose : il y a des cibles représentant des Blancs et des Noirs. Si votre performance est identique à celle des participants à de nombreuses études sur ce thème, vous abattrez davantage de Noirs, armés ou non, que de Blancs.[8]

---

7. *The Guardian*, 5 janvier 2006.

8. Il faut avouer que les résultats ne sont pas unanimes. Si la première étude montre que les policiers sont susceptibles de se tromper, la deuxième leur apporte un baume ; s'ils sont

Moralité : les coupables blancs ont davantage de chances de s'en sortir indemnes et les innocents noirs davantage de chances d'être refroidis. Ce résultat s'appliquera d'autant plus que vous adhérez au stéréotype du Noir agressif sans être pour autant raciste ou que vous n'essayez pas de refréner votre racisme dans la vie quotidienne.

Nous avons vu que le racisme peut mener à des stéréotypes qui déforment la réalité en faisant d'un cadre un ouvrier, comme dans l'exemple de la scène de métro évoquée plus haut. Le phénomène est fréquent mais souvent, on n'y voit pas du racisme. Devant décider si un article peut être publié et sous quelles conditions, la plupart des revues scientifiques pratiquent l'expertise aveugle. Concrètement, les experts chargés de l'évaluation ne connaissent ni le nom des auteurs ni leur affiliation professionnelle. Cette pratique est due à la démonstration que la réputation des auteurs et de leurs universités influence la décision. Ainsi, un article provenant d'une institution prestigieuse sera jugé plus favorablement que le même manuscrit issu d'une université du fin fond d'une province reculée. De même, un scientifique de renommée mondiale bénéficiera d'un *a priori* beaucoup plus favorable qu'un illustre inconnu. L'expertise aveugle essaie de lutter contre l'usage raciste de stéréotypes selon lesquels les universités cinq étoiles n'accepteraient que des savants chevronnés dont tous les travaux sont, par définition, excellents, alors que les universités de seconde zone ne recueilleraient que des laissés-pour-compte incapables d'une contribution originale. Notez que l'*a priori* contre lequel lutte l'expertise aveugle n'est pas stupide, et c'est peut-être la raison pour laquelle l'expertise aveugle n'est pas généralisée. En effet, si un évaluateur est dans l'indécision totale quant au bien-fondé d'une décision favorable à la publication, il n'est pas déraisonnable que l'origine de l'article joue un rôle : « Ce chercheur propose toujours des articles de valeur ; sans doute ne suis-je pas capable de voir l'originalité de celui-ci ? » ou bien : « Voilà un inconnu au bataillon, ce qu'il écrit n'est pas inintéressant, mais il doit y avoir anguille sous roche et je suis incapable de la déceler. » Que l'origine du manuscrit joue *un* rôle est normal. Qu'elle joue

---

bien entraînés, ils ne se tromperont pas. Voir Greenwald, A. G., Oakes, M. A., & Hoffman, H. G. (2003) Targets of discrimination : Effects of race on responses to weapons holders. *Journal of Experimental Social Psychology*, 39, pp. 399-405. Et aussi Correll, J., Park, B., Judd C. M., Wittenbrink, B., Sadler, M. S. & Keesee, T. (2007). Across the Thin Blue Line : Police Officers and Racial Bias in the Decision. *Journal of Personality and Social Psychology*, 92, pp. 1006-1023.

le rôle est absurde ! J'espère (vainement) que tout expert digne de ce nom refuserait de se prêter au jeu d'une évaluation basée sur la seule réputation du chercheur ou de l'université.

L'AUTORÉALISATION D'UNE PROPHÉTIE

Dans la vie quotidienne, ce genre de situation où l'on ne sait pas grand-chose de son interlocuteur est loin d'être rare et les gens ne la vivent pas comme absurde. Combien de fois n'arrive-t-il pas de rencontrer quelqu'un dont on ne connaît que la profession – un caporal paracommando, par exemple – et de devoir décider s'il possède telle ou telle caractéristique, disons l'intelligence. La plupart du temps, les gens réagiront comme les experts d'articles scientifiques en ne prenant pas position. Toutefois, il suffira que les gens s'imaginent, à tort, détenir une information supplémentaire pour se sentir en droit d'émettre un jugement. Cette information supplémentaire peut n'être qu'illusion, mais elle n'empêchera pas le sentiment d'être en position de juger (rappelez-vous le comédien et le bibliothécaire). Ce peut être la grosseur d'un dossier, indépendamment de son contenu (tous les résultats aux épreuves physiques de notre militaire, par exemple). Ce peut être le statut (« Je suis officier ; j'ai l'habitude de prendre des décisions et celles-ci n'ont pas dû être mauvaises puisque j'ai une belle carrière derrière moi »). Puisque le gros dossier est vide de contenu et le statut non pertinent, le jugement ne pourra reposer que sur des stéréotypes, comme on l'a vu dans le chapitre précédent.

L'expérience du métro avec l'ouvrier blanc et le cadre noir n'importe pas seulement par sa démonstration de la propagation des rumeurs. Dans la mesure où la croyance devient réalité, il y a ce qu'on appelle *autoréalisation d'une prophétie*. Celle-ci peut-être extrêmement grave. Robert Rosenthal[9] est un psychologue éclectique qui a brillé dans de nombreux domaines. Son étude la plus connue a été vulgarisée sous le nom de « Pygmalion à l'école ».[10] En début d'année scolaire, et avec

9. Rosenthal, R. A., & Jacobson, L. (1971). *Pygmalion à l'école*. Paris : Casterman.

10. Dans la mythologie grecque, Pygmalion est un sculpteur qui devient amoureux d'une de ses œuvres, Galatée, à qui Aphrodite donna vie, si bien qu'elle épousa Pygmalion. Ce thème a été repris dans de nombreuses œuvres, notamment dans le film *My Fair Lady*, où un aristocrate transforme une petite vendeuse de fleurs en dame de la haute société et en devient amoureux. Les professeurs peuvent donc être des Pygmalions.

la collaboration de la directrice de l'établissement, Rosenthal a fait passer une série de tests de performances intellectuelles à des enfants d'écoles primaires. Ensuite, il a sélectionné au hasard 20 % des élèves et a prédit aux enseignants que ces enfants allaient véritablement exploser intellectuellement dans le courant de l'année. À la fin de celle-ci, il a de nouveau distribué des tests aux enfants et des questionnaires aux enseignants. Ces derniers attribuaient davantage de curiosité intellectuelle aux enfants sélectionnés au hasard, qui obtenaient une augmentation de QI relativement plus grande que l'ensemble des autres élèves. Voici où interviennent les Pygmalions !

Lorsque j'enseignais le phénomène de « la prophétie-qui-se-réalise », je ne manquais pas de prévenir mes étudiants universitaires que, s'ils avaient des enfants plus tard et que par malchance l'aîné était un cancre, ils ne devaient pas mettre le second dans la même école, et surtout pas chez le même enseignant. Par contre, si l'aîné était brillant, ce que je leur souhaitais évidemment, je les conjurais de mettre le second chez le même enseignant ! En effet, presque tout le monde croit que l'intelligence est héréditaire et équitablement distribuée dans une famille. Cette idée a d'ailleurs peut-être un noyau de vérité comme les stéréotypes. Donc, dans la tête des gens, si l'aîné est un génie, le benjamin en sera un autre !

L'autoréalisation de la prophétie est parfois bizarre. Nous connaissons tous les signes du Zodiaque, mais faut-il croire ce qu'ils nous destinent ? Hans Eysenck, un psychologue anglais aussi connu que controversé, a trouvé des relations entre les signes zodiacaux et les résultats à des tests de personnalité. Par exemple, les Cancers, Scorpions et Poissons – des signes d'eau – seraient plus sensibles et émotifs que les autres signes. Cette découverte fut une bonne nouvelle pour les astrologues qui vous annoncent des surprises en fin d'année et des voyages en été ! Des psychologues allemands (et d'autres)[11] eurent l'idée de refaire l'étude, mais en demandant cette fois la mesure dans laquelle les personnes répondant aux tests croyaient en l'astrologie. Vous aurez deviné les résultats. Si vous croyez en la prophétie, et que vous êtes Cancer, Scorpion ou Poisson, vous serez de fait particulièrement sensible et émotif !

11. Voir Ertel, S. & Dean, G. (1996). Are personality differences between twins predicted by astrology ? *Personality and Individual Differences*, 21, pp. 449-454.

On sait que les élèves débarquent à l'école avec une réputation, comme l'a rappelé l'exemple des enfants d'une même famille qui fréquentent ou non une même école. Pour des raisons éthiques évidentes, Rosenthal n'a travaillé qu'avec des enfants supposés exploser intellectuellement dans son « Pygmalion à l'école ». Eut-il prédit l'idiotie de certains des enfants, comme il l'a fait avec des rats auxquels des étudiants devaient apprendre un labyrinthe, il aurait obtenu des résultats conformes à la prophétie. Les rats « intelligents » étaient bichonnés, caressés, encouragés. Les rats « idiots » étaient bousculés, harcelés, maltraités. Malheureusement, certains font de même avec les enfants.

Persuadés de la véracité des prédictions du psychologue débarquant d'une université prestigieuse, les professeurs deviennent particulièrement attentifs à ces « orchidées » qui vont s'épanouir dans leur jardin scolaire. Ils leur posent davantage de questions, ce qui a pour conséquence de rendre ces enfants plus attentifs ; si les enfants hésitent, ils leur donneront davantage de temps et ne passeront pas directement à un autre élève, et, en conséquence, leurs réponses seront meilleures ; lorsque les regards se croiseront, un sourire sera échangé, etc. Le comportement des enseignants a ainsi réellement éveillé la curiosité intellectuelle des élèves, surveillés, sollicités, récompensés, et cet éveil a fait en sorte d'augmenter leur intelligence.

Si les enseignants sont convaincus de l'incompétence inhérente à certains enfants, pourquoi devraient-ils perdre leur temps avec eux, alors que tant d'autres méritent l'attention et sont capables, eux, d'en profiter ? Les laissés-pour-compte ne sont pas insensibles aux réactions qu'ils provoquent et ne restent pas inactifs. Pourquoi faire attention en classe puisque le professeur ne s'intéresse pas à ce que je fais ? Pourquoi faire des efforts puisque mes réussites sont taxées de chanceuses (ou de copiages) et mes échecs accompagnés de sourires entendus ? À la limite, abandonner l'école dans un tel contexte est peut-être une réaction saine. Continuer à être « la tête de Turc » (une expression typiquement raciste) diminue le bien-être et l'estime de soi des victimes. Ils se considèrent comme des bons à rien. Quitter l'école pour montrer qu'ailleurs on vaut quelque chose, c'est échapper à cette spirale négative et protéger son estime de soi, voire la renforcer. C'est le problème que rencontrent beaucoup de jeunes étrangers des banlieues et de Noirs américains, et qui entraîne une désidentification avec le domaine scolaire, au profit par exemple de l'athlétisme, et même un désengagement, un abandon de l'école. Ces stratégies peuvent amener les Noirs à avoir une estime d'eux-mêmes égale et souvent supérieure à celles des Blancs.

LA MENACE DU STÉRÉOTYPE

Les médias et les institutions sont souvent prompts à mettre en exergue quelques « brillants éléments » issus de ces catégories sociales (par exemple : Rachida Dati, Rama Yade, Harry Roselmack), comme si quelques personnes allaient faire mentir les probabilités, les généralisations. J'ai tendance à voir dans cette stratégie une manière de se donner bonne conscience. Mais, au-delà de mon procès d'intention, il y a la méconnaissance des problèmes suscités par le brio même de ces contre-exemples. Vous provenez d'un milieu stigmatisé par des stéréotypes lourds dont vous êtes conscient, mais vous réussissez tellement bien que vous voilà boursier dans une institution prestigieuse. Votre intelligence ne suffira malheureusement pas à vous épargner les coûts des stéréotypes de votre groupe d'origine. Pour illustrer cette situation, plutôt que de prendre un exemple issu d'un milieu défavorisé économiquement, je vais prendre celui de femmes excellentes en mathématiques au point de se spécialiser dans ce domaine. Je choisis les femmes et les mathématiques en raison précisément du stéréotype qui veut que les femmes sont inférieures aux hommes dans ce domaine. Pour la beauté de l'exemple, supposons que certaines de ces femmes douées soient d'origine asiatique et suivent leur cursus aux États-Unis, où existe aussi le stéréotype des Asiatiques forts en maths. À toutes ces femmes se spécialisant en mathématiques, vous allez demander de résoudre des problèmes difficiles, mais la tâche sera précédée d'instructions spécifiques. À certaines, vous direz que vous souhaitez comparer hommes et femmes. Vous en préviendrez d'autres qu'il s'agit d'un exercice destiné à tester certains processus cognitifs. Enfin, au troisième groupe de femmes prises au hasard, vous ferez comprendre qu'il s'agit de comparer les performances de personnes d'origine européenne et asiatique. On constatera que les résultats seront nettement moins bons dans la première situation, c'est-à-dire quand vous avez parlé de comparaison avec les garçons.

Ces résultats sont paradoxaux, du moins à première vue. Ces femmes sont expertes en mathématiques, mais, à certaines, vous rappelez indirectement que les femmes sont typiquement inférieures aux hommes en leur annonçant une comparaison avec ces derniers. Elles connaissent ce stéréotype, mais savent aussi que cette généralisation ne s'applique pas à leur cas. La preuve : leur réussite. Ces jeunes femmes devraient, et sont tout particulièrement motivées à contredire cette croyance en ce qui les concerne, et sont tout particulièrement motivées à le faire. Pas de chance, elles ne réussissent pas bien. Alors qu'elles cherchent à infirmer le stéréotype, elles n'arrivent qu'à le confirmer, probablement à cause d'idées interférentes (par exemple : « Fais gaffe, ils te testent. Ne sois pas distraite »). Cette confirmation est absente pour les mathématiciennes devant qui l'on n'a pas agité le stéréotype, ou devant lesquelles on a évoqué le stéréotype positif des Asiatiques forts en maths. Cet effet paradoxal a pour nom « la menace du stéréotype »[12], et ses démonstrations sont innombrables avec toutes sortes de populations (Noirs, Blancs, classes sociales peu élevées, hommes, femmes, etc.) et des tâches diverses (tests verbaux ou mathématiques, bricolage, anxiété, timidité, golf, etc.).

Prenez des cadres d'entreprises. Tous ont la difficulté de faire marcher leur usine. Si un de ces cadres est une femme, elle a la difficulté supplémentaire d'appartenir au genre féminin. C'est la même chose pour les femmes fortes en maths. Ou pour de brillants fils d'ouvriers dans leur carrière. Comment expliquer cette menace du stéréotype qui confirme ce dernier au lieu de l'invalider ? Vous aurez remarqué que tous les exemples concernent des gens très attachés au domaine dans lequel ils sont testés. Pour ces personnes menacées par la réputation de leur groupe, il s'agira de briller et de faire mentir le stéréotype. Mais la menace de celui-ci est dans l'air, l'appréhension de sa confirmation s'immisce dans l'esprit en train de résoudre des problèmes difficiles, elle vient interférer avec le déroulement serein des processus cognitifs, elle rend anxieux. L'appréhension de la confirmation se traduit par des pensées dérangeantes et devient confirmation.

En conformité avec l'amorçage des stéréotypes, la simple mention d'un contraste entre deux groupes dont l'un est stigmatisé par rapport à l'autre va faire en sorte que les membres du groupe privilégié feront mieux que d'habitude. En d'autres mots, la menace du stéréotype (pour

---

12. Steele, C. M., Spencer, S. J., & Aronson, J. (2002). Contending with group image : The psychology of stereotype and social identity threat. *Advances in Experimental Social Psychology*, 34, pp. 379-440.

le groupe défavorisé) creuse le fossé entre ceux dont le groupe d'appartenance jouit d'une bonne réputation et ceux qui sont affligés d'un groupe avec une marque infamante.

LE RÔLE DE L'AMORÇAGE

Les stéréotypes sont là pour remplir des catégories, mais le tout a pour but de nous guider dans l'action. Nous avons plusieurs fois évoqué la notion de schéma. L'internalisation des stéréotypes peut faire en sorte que leur simple confrontation suffise à nous faire réagir d'une certaine façon. Il y a plusieurs décennies, la perception subliminale faisait vibrer les spécialistes en publicité. Dans ce domaine, un mythe célèbre a d'ailleurs toujours la vie dure : celui de la photo d'une bouteille de Coca-Cola qui, insérée toutes les énièmes images dans un film de fiction, ferait monter les ventes de Coca-Cola à l'entracte. En d'autres termes, la vision inconsciente, parce que trop rapide, de la photo de la bouteille de Coca-Cola aurait néanmoins été perçue et pousserait les spectateurs à la consommation [13]. La réputation des conséquences de la perception subliminale fut telle que la loi a interdit cette pratique de marketing. Elle est cependant encore mise en pratique de manière détournée comme lorsque des candidats à une élection présidentielle, par exemple, dévoilent leur programme à la télévision devant un décor qui, mine de rien, déploie les couleurs du drapeau national comme lors de la campagne de Mitterrand en 1988. Toutefois, l'impact de la perception subliminale a été largement exagéré. En effet, les spectateurs d'un film sont confrontés à des milliers de stimulations et cette affluence nuit à l'influence d'une stimulation particulière, même présentée à de multiples reprises.

La déception des publicitaires ne signifie pas que la perception subliminale n'a pas d'effets dans des contextes plus aseptisés que ceux d'un film. En laboratoire, certaines expériences le prouvent. [14] On demande à des personnes de réaliser une tâche simple sur ordinateur, pendant laquelle elles sont constamment « bombardées » par

---

13. Voir notamment http ://en.wikipedia.org/wiki/James_Vicary

14. Holland, R., Hendriks, M., & Aarts, H. (2005). Smells like clean spirit : Nonconscious effects of scent on cognition and behavior. *Psychological Science*, 16, pp. 689-693.

une image ou un mot sans qu'ils s'en aperçoivent.[15] Elles ne voient qu'un flash sur l'écran, elles « voient » le mot ou l'image, mais sont dans l'incapacité de dire ce qu'elles ont vu. C'est ce qu'on appelle en psychologie une *amorce* (ou activation). Imaginez que les participants de l'expérience sont des Blancs américains aux États-Unis, où le stéréotype des Noirs est qu'ils sont agressifs. Ce que ces Blancs perçoivent sans voir vraiment sont des images de visages de Noirs. Après un certain temps passé devant l'ordinateur, les participants doivent accomplir une tâche par interphone avec un partenaire inconnu. La tâche est compliquée et susceptible d'énerver ses exécutants. C'est, de fait, ce qui arrive aux gens qui, sans s'en rendre compte, ont « vu » des visages de Noirs plutôt que des visages de Blancs. En d'autres termes, la perception, même inconsciente, d'un autre groupe a non seulement éveillé, amorcé les stéréotypes les plus associés à ce groupe, mais ces stéréotypes sont tellement présents en tête qu'ils guident aussi l'action. Si, pendant que surgissent des problèmes, votre cerveau remue des idées liées à l'agression, vous serez davantage enclin à attribuer vos difficultés à cet idiot de partenaire qu'à la complexité intrinsèque de la tâche, et vous traiterez cet incompétent en conséquence. Laissons notre imagination poursuivre. Le nouveau partenaire inconnu, prétendument incompétent et qui vient d'être maltraité, sera ensuite confronté à une troisième personne, étrangère à ce qui s'est passé auparavant, mais qui en essuiera les plâtres. Le cercle vicieux de l'agression continue. Nous avons des idées d'irritation en tête, à la première occasion nous passons à l'acte, et l'innocent que nous venons d'attaquer se montre lui-même déplaisant envers une nouvelle cible. Le cycle s'arrêtera à un moment donné… à moins qu'entre-temps une nouvelle activation du concept de violence ne se soit produite !

Les visages de Noirs n'ont rien de particulier. Les exemples peuvent se multiplier dans d'autres domaines. Amorcés par l'expression de « professeur d'université », vous deviendrez davantage performant en jouant à *Trivial Pursuit*, et vous ralentirez votre marche si c'est l'idée de vieillesse qui a été activée – c'est prouvé ! L'effet « automatique » de l'amorçage ne se limite pas aux stéréotypes. Dans le domaine

---

15. Dijksterhuis, A., & Bargh, J. (2001). The perception-behavior expressway : Automatic effects of social perception on social behavior. *Advances in Experimental Social Psychology*, 33, pp. 1-40.

de l'agression, il explique aussi que la vision de films agressifs aide à presser sur la gâchette lors de circonstances « favorables ».

***

Les preuves que j'ai accumulées à propos de l'usage raciste des stéréotypes pourront apparaître à certains bénignes. Les expériences de laboratoires que conduisent les psychologues sociaux sont souvent vus comme artificielles et leurs résultats triviaux. Pourtant, voici une anecdote vécue aux États-Unis. Pendant que son amie parcourt une galerie de boutiques, un jeune chercheur assis sur un banc entend des cris – « au voleur ! », « à l'aide, au voleur ! ». Alerté par ces amorces explicites, le jeune homme regarde autour de lui et aperçoit un policier courir derrière deux Noirs. Le temps d'entendre les cris et de voir ce qui se passe et le premier Noir est déjà loin. Mais il reste le second et notre universitaire de le plaquer au sol comme dans un match de football américain ! Les instants qui ont suivi ce magnifique plaquage ont été horribles pour son auteur. Lui qui se faisait une fierté de ne pas être raciste venait d'immobiliser le propriétaire du magasin cambriolé ! L'amorce avait magnifiquement joué, de manière inconsciente, sur le stéréotype, ce qui n'est pas resté sans conséquence.

Rappelez-vous également le lapsus de mon épouse dans le MacDonald. Si elle a prononcé « big blacks », c'était le fait d'un double amorçage : le fait que tout le monde dans le restaurant était Noir et que beaucoup de ces Noirs étaient obèses. Ces conditions sont identiques à celles que l'on pourrait créer en laboratoire. Il est donc malvenu de parler d'artificialité du laboratoire. Ce laboratoire est un espace de vie comme un autre, même si l'on essaie de contrôler certaines possibilités et d'en supprimer d'autres. Personnellement, je suis davantage sensible à la question de savoir si l'on teste réellement le racisme.

Que l'on songe aux études sur les jeux vidéo où des Blancs et des Noirs, armés ou non, sont des cibles potentielles. Il semble que les résultats d'*erreurs* (tirer sur un Noir désarmé) ne soient pas liés au degré de racisme des participants. Comme dans le cas de mon épouse. Il en va différemment lorsque l'acte est *délibéré*. Un fait divers tragique aux États-Unis lors duquel des policiers ont tué un Noir innocent en interprétant mal un de ses gestes (Amadou Diallo) a eu des retombées en Belgique : des gendarmes ont accidentellement tué une

Africaine (Semira Adamou), considérée comme « illégale » et condamnée à l'expulsion, en l'étouffant avec un coussin de sécurité alors qu'ils étaient chargés de contrôler son comportement lors de son rapatriement en avion. Spontanément, la majorité des gens a jugé que les policiers étaient racistes. Pour d'autres, tirer la conclusion que les policiers étaient racistes consisterait en ce qu'on appelle une « erreur fondamentale », c'est-à-dire une exagération de l'importance de la personnalité des gendarmes et une sous-estimation de l'impact de la situation. On verrait la source d'un comportement brutal uniquement dans les dispositions des acteurs plutôt que dans les contraintes de la situation. Je suis d'accord que les circonstances ont pu jouer un rôle primordial dans la mort d'Amadou Diallo, alors qu'elles ont été moins convaincantes dans celle de Semira Adamou. Après mur examen, dans ce dernier cas, je conclue à du racisme, à tout le moins institutionnel. La situation que rencontre les policiers est souvent source de confusions parce que ces derniers sont, par ailleurs, convaincus que la solution à cette situation réside dans la personnalité de leurs victimes. En d'autres mots, c'est le bain théorique dans lequel baigne les policiers qui est à mettre en cause parce qu'y prolifèrent les stéréotypes que les étrangers, et surtout les Noirs, sont dangereux. Ce qui est en cause n'est peut-être pas du racisme individuel, mais c'est certainement du racisme institutionnel.

Chapitre 6

Discriminations et préjugés

Un *comportement discriminatoire* peut se définir comme toute conduite qui défavorise autrui à cause de son appartenance à un groupe honni. C'est, par exemple, le refus d'un permis de bâtir à un jeune couple qui ne parle pas « la » langue de la région. C'est l'appartement qui vient d'être loué lorsque se présente un ménage congolais. C'est le refus de promotion d'un Maghrébin au profit d'un Belge moins qualifié mais de « pure souche ». Toute discrimination, même si elle s'applique au membre d'un groupe, n'en est pas pour autant raciste. Si, lors d'une fête, j'invite enfants et petits-enfants sans les oncles et tantes, on sera tous d'accord pour dire que cette préférence n'est pas synonyme de racisme. Le consensus viendra de ce que le choix effectué est perçu comme légitime, sans qu'on puisse y trouver un quelconque préjugé. Les *préjugés* – croyances et affects négatifs induits par l'appartenance catégorielle – sont donc indispensables pour qu'une discrimination soit considérée comme raciste. Selon les circonstances, la conjonction discrimination-préjugés sera facile ou difficile à interpréter. Dans tous les cas, *nous sommes les responsables des préjugés*. Ces derniers ne sont pas des objets extérieurs à nous. Il s'agit de *nos* croyances et affects. C'est cette propriété qui peut rendre la signification de la discrimination problématique, et elle s'applique aussi bien aux acteurs impliqués dans la discrimination qu'aux observateurs. Ce n'est pas parce qu'on observe de loin un comportement qu'on n'infère pas des causes à son propos.

Imaginons un couple belge qui refuse de louer son appartement à des Congolais. Voici les raisons avancées : « Il y a toujours du boucan ; on est envahi de familles entières ; ils abîmeront l'appartement et ne paieront pas à échéance, sans compter que leur présence éloignera d'autres locataires potentiels susceptibles de payer un loyer confortable. » Soyons méchant et admettons que chacune des raisons puisse être exacte. Les Africains ont tendance à être plus bruyants que les

Belges ; ils sont aussi plus « famille », et la présence de nombreuses personnes aura de fait un impact sur l'état des lieux ; plus flegmatiques que la plupart des Belges, leur loyer risque d'arriver avec un certain retard ; enfin, il est probable que cette famille congolaise affectera la décision d'autres locataires potentiels. Néanmoins, en tant qu'observateurs, nous pouvons juger la discrimination raciste. Le couple belge avoue d'ailleurs qu'il aurait accepté une famille marseillaise, alors que les Marseillais aussi ont souvent une famille nombreuse et qu'il paraît qu'ils crient fort et beaucoup.

Imaginons un cas plus ardu. Refuser dans une école réputée un ex-élève d'une école reconnue pour sa mauvaise formation intellectuelle, est-ce un comportement raciste ou non ? Tout dépend à nouveau des préjugés. Première interprétation : vous estimez que l'école qui refuse est élitiste et n'a que mépris pour l'autre établissement. C'est alors clairement du racisme. Les émotions, comme toute information, faciliteront souvent les inférences : le mépris pour des groupes de gens n'ayant pas atteint notre degré de raffinement, la peur face à des valeurs différentes, ou encore la culpabilité d'être confronté à son propre racisme avec l'obligation de se protéger par une multitude d'explications. Autre interprétation : l'école reconnaît volontiers qu'elle est élitiste au niveau de la formation de ses élèves et en est d'ailleurs fière. Toutefois, elle dit justifier son refus par la honte permanente que ressentira l'élève de l'école médiocre. Est-ce encore du racisme ? À chacun son avis, dirait Jean-Luc Delarue.

Certains manuels de psychologie sociale traitent les discriminations comme on étudiait les stéréotypes au moment de la découverte de leur mesure. Ils essaient de lister le plus possible de discriminations raciales. En Belgique, avec le problème linguistique (beaucoup de Flamands s'identifient à leur langue), cette tâche serait aisée : refus de bâtir ou d'habiter sur le sol flamand si on ne maîtrise pas la langue avec le bon accent ; refus d'engager des Maghrébins, pourtant polyglottes, parce que pas assez flamands ; interdiction d'accéder à des plaines de jeux aux enfants qui ne connaissent pas la langue de Vondel. Le surréalisme des difficultés que connaissent les francophones en Flandre est suffisamment connu, même à l'étranger, pour ne pas s'y attarder. Tout le monde est au courant des communes « où les Flamands sont chez eux » et ou les Français devaient savoir, jusqu'il y a peu que, sur les autoroutes, Lille se traduit par Rijsel pour trouver leur chemin.

Notez que je passe ici sous silence le racisme éventuel des francophones envers les « paysans » flamands.

En fait, les discriminations en tant que telles n'ont guère d'intérêt. Leur importance est liée aux préjugés et aux inférences que ceux-ci nécessitent. Il faut cependant faire attention à ce que les préjugés représentent. Souvent, les préjugés sont confondus avec les stéréotypes. En parcourant Internet, vous trouverez le « top 10 » des préjugés concernant les habitants de presque tous les pays. Ce sont en fait des stéréotypes, des traits qui se généralisent à l'ensemble d'un groupe (par exemple : les Wallons sont paresseux). Selon moi, le préjugé, constitué de croyances et d'affects, est une sorte de théorie naïve – qui n'a donc rien de scientifique, mais qui est un guide pratique pour ses adhérents. Rapprocher les préjugés des théories naïves ne doit en aucune façon oblitérer leurs aspects émotifs. Tel préjugé vous dégoûtera des cibles, tel autre vous rendra condescendant ou colérique. En ce sens, ma définition est plus large que celle qui prend uniquement en compte de simples attitudes négatives ou positives (« j'aime » ou « je n'aime pas »), sans qu'il faille voir dans cette différence une opposition ou une contradiction.

Dans ce chapitre, nous prendrons quelques exemples privilégiés pour notre propos. C'est ainsi que nous examinerons en premier lieu les réactions face au hijab ou tchador, c'est-à-dire le voile islamique qui recouvre uniquement les cheveux. Les préjugés sont prépondérants en ce domaine. Ensuite, nous nous attacherons à la hiérarchie des groupes et à la dominance sociale, préjugé qui guide énormément de comportements, tant individuels que collectifs. Nous terminerons avec l'examen du sexisme. Ce dernier constitue à la fois une discrimination et un préjugé, qui a préoccupé depuis longtemps les psychologues et qui a connu un regain d'intérêt durant cette dernière décennie.

LE CAS DU FOULARD ISLAMIQUE

D'emblée, j'avoue que j'ai un préjugé favorable vis-à-vis du foulard ou voile islamique. J'ai des difficultés à comprendre les controverses autour de ce sujet. J'ai eu l'occasion d'aller à Tunis pendant le Printemps arabe et de rencontrer Abdelwahab Majhoub, un ancien doctorant devenu professeur dans une des universités de Tunis. À Tunis même, le port du voile touche une minorité de femmes, et dans beaucoup de cas, chez les jeunes filles, je ne crois pas une nanoseconde qu'il s'agisse d'un signe religieux. En fait, cela semble fort à voir avec la mode et l'esthétique. Et j'admets que cela me plaisait ! Mon collègue Mahjoub n'était pas aussi enthousiaste que moi. Malgré la beauté indéniable du détail vestimentaire, il était par principe défavorable à tout signe qui pouvait évoquer la religion. Pourtant, il m'a raconté qu'il avait effectué une recherche à Tunis et à l'intérieur du pays (où le port du voile est plus fréquent) et qu'aucune différence (qu'elle soit politique ou religieuse) n'était apparue dans cette étude et que les femmes ne se percevaient pas de manière spécifique selon qu'elles portaient ou non le voile. Donc, Abdelwahab avait un préjugé comme moi, mais différent.

En Belgique, le port du foulard est matière à controverse, notamment dans les écoles. Ce qui met le plus mal à l'aise les enseignants est l'imprécision des règles [1]. Il faut savoir qu'en Belgique, la majorité de l'enseignement est organisé par le monde catholique depuis le jardin d'enfants jusqu'à l'université. Cette majorité, dite enseignement libre, a également la réputation de la qualité. Il existe quelques établissements non catholiques – juifs, par exemple ou l'Université libre de Bruxelles – qui sont également libres. Outre l'enseignement libre, on trouve des institutions dites publiques, qui dépendent de la commune, de la province ou des Communautés. De plus, il faut encore faire la différence entre enseignement flamand et francophone. Alors que le port est interdit dans les écoles publiques flamandes, ailleurs il est laissé à l'appréciation de la direction de l'école ou du conseil d'administration de celle-ci. C'est à ce niveau que l'incertitude joue surtout et suscite le malaise des enseignants.

Pendant les années Dutroux, alors que police et gendarmerie recherchaient en vain des petites filles enlevées, un couple de parents et la sœur d'une autre petite fille disparue furent tellement dignes et formidablement intelligents qu'ils devinrent de véritables vedettes de la télévision. Le cas de la sœur était spécial car elle était très jeune, en fin de secondaire, et fille d'une famille d'ouvriers marocains immigrés. Nabela Benaïssa portait le voile, mais ses apparitions à la télévision

1. Van de Weyer, A. (2011). *Le port du voile islamique dans l'enseignement. Évolution juridique, sociologique et politique d'une controverse multiculturelle sensible.* Waterloo : Kluwer.

étaient tellement incroyables étant donné son âge qu'elle fit oublier la signification péjorative que pouvait avoir le voile. Il ne s'agit pas seulement d'une impression personnelle, mais le résultat de commentaires éminemment positifs sur Internet (alors que souvent cette rubrique pue le racisme). Aujourd'hui, elle est avocate au barreau de Bruxelles et assistante d'université en faculté de droit et elle ne porte plus le voile.

Une dizaine d'années a passé et l'expérience relatée dans le chapitre 3 sur la *color-blindnesss* et la *color-consciousness* atteste que le port du voile ne laisse pas tout le monde indifférent. Rappelons que, dans cette expérience, les étudiantes en faveur de l'assimilation à la Belgique (« soyez comme une Belge ») travaillaient très bien avec une condisciple marocaine quand celle-ci ne portait pas de voile. En outre, les étudiantes prônant l'individualisme universaliste travaillaient moins bien quand la comparse marocaine portait le voile. Si l'on écarte la prédisposition au racisme explicite, seule la tendance à l'intégration corrélait significativement et positivement avec la performance ; plus les sujets favorisaient l'intégration, meilleure était leur performance. À première vue, cela fait peu de monde, mais n'oublions pas que si les minorités, d'immigrants par exemple, préfèrent l'intégration, la population en place est majoritairement en faveur de l'assimilation.[2]

Le penchant de la majorité pour l'assimilation est en concordance avec mon impression que les réactions au foulard islamique sont racistes. Je ne citerai que deux faits. Comment se fait-il que le personnel de l'enseignement officiel, public, a commencé à réagir au foulard parce que, prétendument, il bravait la neutralité religieuse, alors que rien n'avait jamais été fait envers les croix catholiques et les étoiles de David ? L'hypocrisie était telle qu'on en est finalement venu à proscrire tout signe exagérément religieux ! Il fallait bien faire oublier la raison première du rejet du foulard. L'autre fait date de 2004 : un grossiste en alimentation du nord du pays a reçu des menaces de mort pour qu'une de ses ouvrières renonce à son foulard, ce que la personne en question était prête à faire. Le directeur l'a encouragée à garder son foulard et a menacé en retour d'imposer le foulard à toutes ses ouvrières. L'affaire a fait les gros titres de la presse. Le directeur a été invité à rencontrer le Roi et il continue à recevoir des distinctions

2. Verkuyten, M. (2006). Multicultural recognition and ethnic minority rights : A social identity perspective. *European Review of Social Psychology*, 17, pp. 148-184.

honorifiques de tous horizons. Croyez-vous que de telles réactions se seraient produites si les menaces portaient sur une croix chrétienne ? Le fait que ce directeur devienne soudainement un héros montre bien, d'une part, que les gens sont ambivalents vis-à-vis du foulard et, d'autre part, que cet homme avait bravé des tabous. Beaucoup plus « normal » est le fait avéré de ne pas engager de Maghrébins « parce que la clientèle est réticente ».

Nous conclurons ici cette section. Il me semble que le foulard islamique a été un cas idéal pour mettre en valeur les préjugés et l'ambiguïté dont ils sont si souvent entourés. Pour moi, le cas du voile est clairement une réaction de racisme. Comme beaucoup de gens sont contre le voile, j'en conclue que beaucoup sont racistes. C'est mon opinion mais je sais que beaucoup de ces racistes se défendront en alléguant une myriade de causes imaginables. Par exemple, ils veulent, disent certains, seulement se montrer nationalistes. Nous savons ce que « nationalisme » veut dire.

Qui dit racisme pense groupe. Nous allons donc examiner les relations entre des groupes non spécifiques. Il ne s'agira pas de s'intéresser à des conflits précis, mais d'investiguer les raisons pour lesquelles certains groupes sont dominants et d'autres dominés, et d'appréhender la dynamique particulière qui s'installe autour d'une hiérarchie des groupes.

LA HIÉRARCHIE DES GROUPES

Les groupes diffèrent entre eux. Ce n'est pas un préjugé. C'est une question de définition. Les groupes sont aussi inégaux. Ce n'est pas un préjugé. C'est une évidence. Toutefois, les préjugés peuvent se forger une place considérable au niveau de l'inégalité. Alors que certaines personnes estiment qu'une société harmonieuse fonctionne quand il y a peu d'inégalité, d'autres, au contraire, estiment que la paix repose sur les écarts de statut, les dominants bridant les velléités des dominés. Konrad Lorenz[3] prônait cette dernière solution, qui fonctionne chez de nombreux animaux, et regrettait que la culture ait érodé la hiérarchie à l'intérieur des groupes humains. On comprend que cette situation soit appréciée par les dominants, mais elle ne doit guère faire rêver les

---

3. Lorenz, K. (1977). *L'Agression, une histoire naturelle du mal.* Paris : Flammarion.

dominés. Que la hiérarchie soit à l'origine de l'ordre est une idée guère étonnante venant de Lorenz, ce chercheur devenu prix Nobel de médecine malgré un passé de nazi ! Toutefois, ayons l'honnêteté de lui laisser la pérennité de ses thèses. Ce qui nous intéresse, cependant, c'est ce qui se passe *entre* groupes et non pas *à l'intérieur* d'un même groupe. Si toutes les conceptions théoriques reconnaissent l'existence d'inégalités, je n'ai pas conscience qu'une seule d'entre elles l'appelle de ses vœux. Nous présenterons d'abord brièvement la théorie de la dominance sociale dont les résultats reposent essentiellement sur la hiérarchie sociale. Ensuite nous passerons en revue différentes tentatives d'affranchissement de la hiérarchie sociale en vue de restaurer l'égalité entre groupes ainsi que les réactions face à ces mesures.

Il existe peu de tests et de théories dont le but est de cerner les stéréotypes, discriminations et préjugés dans leur généralité. Selon les spécialistes, le meilleur essai serait *la théorie de la dominance sociale* (TDS). Cette théorie, formulée par Sidanius et Pratto[4], défend l'idée qu'il existe une hiérarchie entre groupes. Cette proposition n'est pas originale ; elle était déjà présente dans *la théorie de l'identité sociale* (TIS) qui faisait la différence entre groupes dominants et dominés. Mon but n'est pas d'examiner de manière exhaustive cette nouvelle théorie et de spécifier ses aspects éventuellement originaux. Je préfère en souligner certains points dont la discussion devrait faire avancer la discussion sur la hiérarchie des groupes. Il sera toujours temps, dans une deuxième phase, de comparer la vision prônée par la *théorie de la dominance sociale* (TDS) avec celle de la TIS, par exemple.

Une véritable originalité de la TDS est le fait que les auteurs proposent un moyen de mesurer l'*orientation de dominance sociale* (ODS). Il s'agit d'échelles en sept points sur lesquelles les sujets marquent leur degré d'accord avec l'item proposé. Les questionnaires ont varié avec le temps et les études mais le principe est resté identique, et beaucoup d'items se retrouvent dans plusieurs questionnaires. Voici un échantillon de quelques items choisis parmi les plus modérés :

– C'est une bonne chose que certains groupes aient plus d'opportunités dans la vie que d'autres

– Il serait désirable que tous les groupes soient égaux*[5]

---

4. Sidanius, J. & Pratto, F. (1999). *Social Dominance : An Intergroup Theory of Social hierarchy and oppression*. New York : University Press.

5. Les astérisques indiquent que les scores doivent être renversés pour cet item.

– Il est parfois nécessaire d'utiliser la force contre d'autres groupes pour obtenir ce que l'on veut

– Il ne devrait pas y avoir de groupe qui domine dans la société*

– Certains groupes ont davantage de mérites que d'autres

Voici d'autres items des mêmes versions :

– La fin justifie les moyens

– Ce pays irait mieux si on se préoccupait moins de l'égalité entre les gens

– Certains groupes sont inférieurs à d'autres

– Être au-dessus des autres est la seule place où il convient d'être

– Les groupes inférieurs devraient rester à leur place

Le succès de ce test a été immédiat et il est actuellement employé par un nombre à peine croyable de chercheurs. J'ajouterai simplement que j'espère que les psychologues employant ce test contrôlent son degré de variabilité. En effet, ma propre expérience en tant qu'utilisateur de ce test fut qu'il est tellement explicite et radical que les sujets choisirent toujours le degré d'échelle le moins choquant et se montrèrent plus hiérarchiques pour un ou deux items seulement.

La position que les gens adoptent sur le test de dominance sociale dépend de leurs idéologies. En effet, certaines idéologies contribuent à la justification des inégalités, alors que d'autres luttent pour atténuer ces mêmes inégalités. Les idéologies qui exacerbent les différences sont plus nombreuses que les autres. Citons, par exemple, toutes les sortes de racisme, le conservatisme, l'autoritarisme de droite, le nationalisme, la méritocratie, etc. En ce qui concerne les idéologies allant à contre-courant, elles sont bien moins nombreuses et se limitent quasiment à l'égalitarisme, à l'individualisme et au multiculturalisme.

Si l'on est un adepte de la théorie de l'identité sociale (TIS), on fera essentiellement deux critiques à l'encontre de la TDS. Je les discute avec le plus d'objectivité possible tout en sachant que certains points ont perdu de leur pertinence étant donné la variété des formulations de la TDS. J'ai souligné le succès et la fréquence d'emploi du test de dominance. Toutefois, les disciples d'Henri Tajfel vont l'attaquer dès sa création.

Dans leur livre *Social Dominance*, Sidanius et Pratto montrent à profusion comment l'orientation à la dominance sociale (ODS) intervient dans des discriminations couvrant tous les domaines de la vie quotidienne. On s'attend évidemment à voir des discriminations à l'embauche, dans la justice et l'éducation ainsi que dans l'accès aux soins de santé. Je ne me serais cependant pas attendu à ce que les groupes stigmatisés comme les Noirs et les Hispaniques aux États-Unis paient plus cher leur voiture d'occasion ! Plus on a un ODS élevé, plus on est nationaliste, conservateur, autoritariste, méritocrate et donc, forcément, plus on est favorable à son groupe d'appartenance avec, à la clé, des privilèges pour les « siens » et le rejet des « autres ».

Les attaques en provenance des adeptes de la TIS vont provenir du fait que des phénomènes de groupes sont étudiés à partir de différences individuelles[6]. Ces différences doivent être relativement stables sinon on ne voit guère leur intérêt. Quelle information pourrait nous donner quelqu'un qui varierait en dominance sociale au gré de la météorologie ou de la position couchée ou debout au moment de remplir le questionnaire ? Or, si la dominance évidemment n'est pas influencée par les facteurs que je viens de citer, les théoriciens de TDS savent parfaitement que la dominance fluctue avec le contexte. Ils ont eux-mêmes conduit des recherches en ce sens. C'est le cas au Proche-Orient entre Juifs provenant d'Europe (Ashkénazes), jouissant de stéréotypes favorables, et ceux issus du Nord de l'Afrique et bénéficiant de stéréotypes moins positifs (Sépharades).

Il est intéressant de constater que l'ampleur de la différence varie selon le contexte : elle est élevée quand on insiste seulement sur l'origine des Juifs et bien moindre si l'on fait allusion au conflit israélo-palestinien. Ce résultat est facilement explicable. Quand Ashkénazes et Sépharades se comparent dans ce qu'on pourrait appeler un « vacuum » social, pour employer une expression tajfelienne, le résultat reproduit ce que l'on sait déjà sur les relations entre ces groupes. Par exemple, d'autres études montrent qu'une dissertation provenant d'un élève avec un nom ashkénaze sera jugée meilleure que si elle est attribuée à un Sépharade. L'évocation du conflit avec les Palestiniens change complètement la perception des protagonistes. Ashkénazes et Sépharades

6. Rubin, M., & Hewstone, M. (2004). Social identity, system justification, and social dominance : Commentary on Reicher, Jost *et al.*, and Sidanius *et al. Political Psychology*, 25, pp. 823-844.

perdent leur identité d'origine pour devenir tout simplement des Juifs et il n'y a plus de raison pour que les Juifs A soient différents des Juifs B. Ils ont maintenant tous la même identité sociale. Cette simple recherche montre l'inutilité des dispositions individuelles comprises comme des traits inaltérables. Personnellement, je me montrerais moins sévère que les prosélytes de la TIS, et j'encouragerais les auteurs de la TDS à utiliser l'ODS comme un simple état, momentané par définition, de la dominance sociale et à examiner la possibilité de remplacer les questionnaires explicites et provocants par des mesures plus subtiles et fiables.

La seconde critique des adeptes de la TIS à l'encontre de la TDS est plus fondamentale, me semble-t-il. Les deux théories sont d'accord sur l'inégalité des groupes et sur l'influence des idéologies. Alors que cette influence est une donnée de base qui n'a pas besoin d'être développée pour la TIS, elle tient une grande place pour la TDS qui y voit un surcroît d'information sur les données individuelles. Le désaccord fondamental concerne la dynamique des groupes. La TDS peut être comparée à un appareil photo qui prend, à des moments donnés, des vues du même objet, dispositif qui permet d'observer des différences éventuelles par rapport à la photographie antérieure. La TIS, au contraire, se donne comme but d'étudier les changements, de les prédire et de les influer, et cela à partir de concepts – la stabilité, la perméabilité et la légitimité – qu'elle a adoptés et insérés dans un cadre théorique. J'ai déjà développé cet aspect de TIS dans le chapitre 3 et n'y reviendrai donc pas.

LES MESURES POUR LUTTER CONTRE LES INÉGALITÉS

Nous sommes donc maintenant sûrs que les groupes sont inégaux. Une tâche socialement utile serait alors de voir comment on peut réduire cette inégalité. Pour développer mon propos, j'ai opté pour le cas des femmes. La raison en est que les chercheurs de la TDS concluent, à partir de leurs résultats, que les femmes sont toujours des groupes inférieurs, ce qui s'explique sans doute par l'évolution. En effet, les femelles responsables de la survie du groupe seraient attirées par les mâles puissants. Pour ce faire, elles agiraient de manière à se trouver dans une position de subordonnées. Dans une mesure beaucoup moins importante, j'utiliserai également le cas de minorités ethniques.

Hasard heureux ou non, mais au moment d'écrire ces lignes, on discute un peu partout de la présence « quantitative » des femmes en politique, dans les affaires, de l'accès à l'école d'enfants issus de différents milieux ou, à l'inverse, de l'accueil des sans-papiers et autres immigrants dans les villes et communes du pays. « L'égalité des sexes et l'autonomisation des femmes sont essentielles pour que l'ONU puisse mener à bien sa mission consistant à instaurer l'égalité des droits et la dignité pour tous partout dans le monde. (…) L'égalité pour les femmes et les filles est également un impératif économique et social. Tant qu'elles n'auront pas été libérées de la pauvreté et de l'injustice, la réalisation de tous nos objectifs – la paix, la sécurité, le développement durable – sera aléatoire. »[7]

La mesure la plus innocente est celle des *« opportunités égales »* que j'appellerai également *égalité des chances*. Dans leurs annonces pour recruter du personnel, beaucoup d'entreprises américaines font savoir qu'elles adoptent cette politique d'opportunités égales. De quoi s'agit-il ? En fait, c'est une lutte anti-discrimination *a minima*, en ce sens que ces établissements s'engagent à ce que des discriminations ne soient pas commises en leur sein et que les pourcentages de divers groupes (femmes, Noirs, Hispaniques, etc.) respectent ceux de la société, ce qui voudrait dire un peu plus de 50 % pour les femmes. En d'autres mots, ils n'engageront pas systématiquement des hommes plutôt que des femmes, et des Blancs plutôt que des membres de minorités ethniques. L'existence de ce programme et ses exigences minimales constituent une démonstration parfaite des discriminations qui pouvaient avoir lieu. Cela veut dire que, dans beaucoup d'établissements, on engageait auparavant en priorité des hommes blancs ! La politique des opportunités égales est une mesure dite *réactive* en ce sens qu'elle ne propose pas de mesure pour remédier à la discrimination existante, si ce n'est empêcher celle-ci de proliférer. C'est une réaction à un état de fait.

Les opportunités égales représentent une stratégie dite innocente, mais ce n'est pas pour autant qu'elle ne comporte pas de difficultés. Je l'ai présentée comme incluant automatiquement une proportion, un quota, de 50 % pour les femmes. C'est loin d'être toujours le cas. Actuellement, dans divers pays, on discute de quotas de femmes ayant

---

7. M. Ban Ki-moon, Secrétaire général de l'ONU, Journée internationale de la femme 2010.

des responsabilités dans les entreprises. Les solutions diffèrent d'un pays à l'autre. Prenez le cas de la Belgique : on est passé de 24 % de femmes avec responsabilités dans les entreprises en 2001 à 38,10 % en 2006 pour arriver à 38,50 % en 2010. Ces chiffres dépendent dans une large mesure de la situation existante et des efforts prêts à être consentis. Dans d'autres pays, il se pourrait que les pourcentages soient bien inférieurs parce que le taux d'éducation, par exemple, est différent et que donc le nombre de femmes avec les compétences requises est moins important. Dans le même ordre d'idées, dans l'Allemagne d'après-guerre, il a bien fallu nommer en connaissance de cause certains responsables nazis à des postes importants parce qu'il n'y avait plus que ces individus à disposer des connaissances suffisantes pour occuper ces fonctions.

Autre stratégie, plus contraignante celle-ci, *« l'action affirmative »* se réfère à des positions politiques qui veulent diminuer la discrimination en prenant en considération les facteurs responsables de la sous-représentation des groupes défavorisés. C'est le cas des femmes dans beaucoup de domaines, comme le travail ou la politique ; celui des Noirs ou des Maghrébins, des statuts socio-économiques peu élevés, etc. Au niveau politique, par exemple, de nombreux pays ont pris des dispositions pour établir des quotas d'hommes et de femmes au niveau des listes électorales et des sièges qui leur reviendraient. Cette mesure des quotas n'est pas appréciée par tous les acteurs. Dans beaucoup d'universités européennes et autres, on essaie également de lutter contre les discriminations, tant au niveau des étudiants que du corps enseignant. Cette lutte prend diverses formes. Elle provoque des résistances de plus en plus fortes et soulève parfois des questions paradoxales en matière de discrimination. En effet, en luttant contre les discriminations des cibles habituelles, ne crée-t-on pas des discriminations à rebours (de l'albaphobie, c'est-à-dire un racisme blanc, en somme un racisme à rebours qui est dirigé contre les Blancs, les racistes traditionnels) ?

La politique d'action affirmative est plus engagée que le système des opportunités égales. C'est une mesure non plus *réactive* mais *proactive* en ce sens qu'elle veut lutter activement contre les discriminations. Parce que ce sont celles qui sont traditionnellement visées par cette mesure, nous parlerons uniquement des discriminations à l'encontre des femmes et des membres de minorités ethniques. La forme la plus communément admise de cette politique est d'engager, *en présence de candidats à compétences égales*, une femme ou un membre d'une minorité ethnique. Un niveau plus audacieux de l'action affirmative – et davantage contesté ! – est d'effectuer le même choix *même si les compétences des cibles habituellement discriminées sont légèrement inférieures*. Le raisonnement, ici, est de dire qu'il est extrêmement difficile de quantifier tous les critères académiques et qu'une légère différence n'est pas nécessairement synonyme d'un écart réel. Le troisième niveau de la politique d'action affirmative est celui qui suscite le plus de protestations : cette fois, les femmes et les membres de minorités ethniques sont choisis *malgré des compétences objectivement moindres*.

En politique, les controverses des quotas au moment de l'élaboration des listes électorales, par exemple, visent ce troisième niveau. Étant donné le manque de tradition féminine en politique, beaucoup de militants masculins estiment que l'on choisit de placer sur les listes des femmes avec beaucoup moins d'expérience que de vieux briscards de la politique. Le problème est d'autant plus aigu qu'il s'agira de donner à certaines de celles-ci des responsabilités après les élections et qu'il faudra donc les placer en ordre utile sur les listes, en faisant reculer des hommes qui avaient l'habitude d'y trôner en tête.

Comme je l'ai déjà dit, la politique d'action affirmative ne va pas sans susciter de réactions hostiles. Il n'est d'ailleurs pas innocent que cette même politique soit appelée « discrimination positive » en Grande-Bretagne ou en Belgique. Prenons le cas de deux étudiants voulant s'inscrire dans une université américaine qui n'accepte qu'un nombre limité de candidats. Cette université applique la politique d'action affirmative pour les femmes et les membres de minorités ethniques. La première candidate est américano-cubaine et fille d'un milliardaire. Elle a les mêmes résultats scolaires dans l'enseignement secondaire que le deuxième candidat, un étudiant blanc provenant d'un milieu plus que modeste où il faut faire preuve d'une motivation spéciale pour entreprendre des études universitaires. Si vous voulez plus de détails imagés de cet exemple fictif, je vous renvoie au site anti-action affirmative.[8] Si la politique s'en tient strictement au genre et à l'origine ethnique, l'étudiante a l'avantage sur son compère masculin et on sera

8. ww.newfoundations.com/Clabaugh/CuttingEdge/PositiveDiscrimination.html

tous d'accord pour dire que la décision n'est pas juste. Malgré leurs milieux respectifs, les deux candidats ont obtenu le même nombre de points. Cet exemple n'est pas caricatural parce qu'il est probablement courant. Par contre, ce qui serait caricatural serait de n'appliquer l'action affirmative que sur les femmes et les membres de minorités ethniques. Il est évident que dans la plupart des universités européennes, occidentales au moins, la sélection devrait essentiellement tenir compte des groupes défavorisés à la fois à cause de leur origine ethnique *et* de leur milieu socio-économique.[9] En effet, dans les universités, le nombre de filles a généralement atteint, si pas dépassé, le nombre de garçons.

Il est clair aussi que les critères ne devraient pas être rigides mais tenir compte de l'évolution des résultats dans le secondaire et de la motivation à poursuivre des études. Bien sûr, plus on multiplie les critères, plus la décision devient la cible de critiques. Comment pondérer en effet ces critères ? Dans quelle mesure des conditions inadéquates durant l'enseignement primaire (milieu socio-économique, maladies, etc.) peuvent-elles ultérieurement légitimer des inégalités au niveau des compétences, par exemple ? Voici un exemple pris dans mon université, où l'on ne pratique pas le *numerus clausus* ; y entre qui a le diplôme de l'enseignement secondaire et qui le veut. Des statistiques y ont été faites sur le taux de réussite en fonction de l'exigence de la filière de l'enseignement secondaire et du niveau socio-économique. Le premier résultat est logique : les étudiants issus de filières fortes réussissent mieux que les autres. Le deuxième résultat est conforme à ce qu'on connaît de la littérature : les enfants de familles aisées réussissent plus souvent que les autres. C'est le troisième résultat qui est vertigineux : les enfants de familles modestes qui ont suivi une filière exigeante ont le même taux de réussite que les enfants de familles aisées ayant emprunté une filière faible ![10] On a beau briller dans le secondaire ou s'y traîner, arrivés à l'université, la tortue de la famille aisée rattrape le lièvre de la famille modeste. Je me suis longtemps persuadé – un préjugé ! – que la raison en était la fluidité verbale au

9. Croizet, J.-C. (2008). The pernicious relationship between merit assessment and discrimination in education. In G. Adams, M. Biernat. N. Branscombe, & C. Crandall, & L. S. Wrightsman (Eds.), *Commemorating Brown : The Social Psychology of Racism and Discrimination* (pp. 153-172). Washington, DC : American Psychological Association.

10. Vu que ces données ne sont pas publiques, je ne donnerai pas de références.

moment des examens oraux, mais les données comprennent aussi les examens écrits. Il existe une explication théorique à cette situation : c'est la menace du stéréotype du chapitre antérieur. Les éléments brillants de milieux modestes confirment la réputation de leur groupe d'appartenance parce qu'ils sont perturbés par les implications de cette possible confirmation. Les faits concordent manifestement avec la menace du stéréotype et, néanmoins, l'explication ne m'enthousiaste pas. Malheureusement, l'aspect presque secret de ces données (pour ne pas attiser la rivalité entre écoles) ne permet pas de disposer d'informations suffisantes pour tester d'autres hypothèses.

Deux arguments sont souvent opposés à la politique d'action affirmative. Le premier a trait à l'estime de soi des gens qui ont été choisis sur base de cette politique. Le cas le plus flagrant – parce qu'intervenant en petit comité compétitif très visible – est celui des enseignants. J'ai toujours imaginé qu'il devait être très pénible d'être la seule enseignante noire dans un département à majorité masculine blanche. Non seulement, cette personne a le rôle de « solo » sur qui se porte tous les regards, mais de plus cette personne vit constamment la menace du stéréotype dont on vient de parler. Elle sait que chacune de ses performances sera commentée et comparée, et qu'elle part avec l'*a priori* que sa présence est due au fait qu'elle conjugue deux stigmas – son sexe et sa couleur. Somme toute, risque-t-elle de se dire, je n'ai pas été choisie pour mes compétences mais pour servir d'alibi à la non-discrimination. Le problème existe également chez les étudiants. L'inconfort de cette situation peut détériorer l'estime de soi des gens et leurs performances, ainsi que les blinder dans leur détermination. D'après les recherches existantes, les deux conséquences sont possibles.

Si blindage il y a, un autre risque est possible – que d'aucuns jugent inopportun d'évoquer parce qu'il n'est pas politiquement correct. Considérez un instant certaines femmes qui ont été les rares à posséder le pouvoir en politique, ou certains enfants de familles immigrées qui ont pleinement réussi. Combien de ces femmes et de ces immigrés de seconde génération ne sont pas devenus « plus catholiques que le pape » ! Je veux dire par là que beaucoup de femmes qui ont réussi, pour ne prendre qu'elles, ont complètement adopté les valeurs de la classe dominante et se montrent excessivement (au sens littéral) sévères vis-à-vis des autres femmes avec un rang subordonné dans la hiérarchie.[11] Il ne s'agit là, probablement, que d'un aspect conjoncturel qui disparaîtra lorsque davantage d'égalité sera la norme dans la société. En attendant, il semble que beaucoup de « parvenus » intériorisent à outrance les valeurs auxquelles ils ont tant aspiré et, s'ils ont réussi, les autres n'ont qu'à faire de même. Ceci n'a rien à voir avec les femmes et les immigrés, mais je me souviens d'une commission d'évaluation d'un laboratoire universitaire que j'ai dû effectuer pour un organisme étatique de recherches. Alors que la commission était unanime à recommander au président d'université de trouver des fonds pour subsidier les doctorants, les chercheurs y étaient opposés : « Nous avons bien obtenu notre doctorat sans subsides, pourquoi les autres devraient-ils en obtenir ? Nous avons souffert, qu'ils souffrent aussi ! ».

Quant au deuxième argument avancé à l'encontre de l'action affirmative, je n'en dirai que quelques mots car le problème a déjà été traité. Il s'agit de la politique *color-blind* qui n'accepte pas les différences de groupes. Une autre version, plus insidieuse, du même argument est de reprocher le paternalisme de l'action affirmative. Implicitement, il y a l'idée que des Juifs, des immigrés européens « intégrés », des femmes, etc. sont bien parvenus à réussir, et qu'il n'y a dès lors pas de raison d'adopter des mesures spéciales. Cet argument ne prend sciemment pas en compte les données historiques et les contingences des situations. C'est une autre version de la *color-blindness* parce qu'elle aussi insiste sur l'individualisme. Selon cette vision, il ne faut pas considérer les gens comme appartenant à des milieux défavorisés ou à des groupes ethniques, mais comme des individus qui devront réussir quelle que soit la situation de départ.

Nous avons débuté ce chapitre avec l'ambivalence vis-à-vis du foulard islamique. Nous avons poursuivi avec les ambivalences d'idéologies à la base de la domination sociale et nous avons continué avec les réactions, loin d'être univoques, à l'endroit des femmes et des minorités ethniques dont on veut améliorer le sort. Je veux prolonger, toujours sur le mode de l'ambivalence, avec les perceptions que nous avons des femmes, non pas en temps que concurrentes, colistières ou

11. Ellemers, N., & Barreto, M. (2009). Maintaining the illusion of meritocracy : How men and women sustain gender inequality at work. In Demoulin, S., Leyens, J. Ph., & Dovidio, J. F. (Eds.), *Intergroup Misunderstandings : Impact of Divergent Social Realities*. New York : Psychology Press, pp. 191-212.

que sais-je, mais en tant qu'êtres humains féminins, *mulier* en latin, qui se distingue de l'homme – *vir*.

L'AMBIVALENCE SEXISTE

L'ambivalence doit son succès, au moins en partie, à la peur que les gens éprouvent à l'égard du racisme. Les « oui » et « non » absolus ne sont plus guère de mise lorsqu'on en vient à des sujets que l'on préférerait tabous, mais à propos desquels nous sommes tenus de donner notre avis. Tout le monde ne voudra sans doute pas se dire raciste, mais je ne peux envisager un seul instant que tous ne se disent pas ambivalents !

Susan Fiske[12], qui est probablement la psychologue sociale la plus importante de ce chevauchement de siècles, a basé une grande partie de ses recherches actuelles sur le fait que la perception sociale s'articulait essentiellement autour de la compétence (par opposition à l'incompétence) et de la chaleur (par opposition à froideur). Elle a montré que les groupes se rassemblaient dans un des quatre quadrants définis par les composantes de la perception sociale : compétents mais froids, chauds mais incompétents, chauds et compétents et, finalement, froids et incompétents. Pour illustrer mon propos, je citerai quelques groupes dont il a été prouvé qu'ils tombaient dans un quadrant déterminé : banquiers et féministes pour froids et compétents ; femme au foyer et personne âgée pour chaudes, mais incompétentes ; notre groupe ou d'autres que nous prenons comme référence pour chauds et compétents ; terroristes et drogués, enfin, pour froids et incompétents. Deux ensembles de groupes sont particulièrement intéressants parce qu'ils sont précisément ambivalents. Tout d'abord, les groupes qui sont froids d'une part, mais compétents d'autre part. On n'est donc pas complètement opposés à leur encontre, mais ambivalents. Ensuite, il en va de même pour les groupes qui donnent de la chaleur, mais qui ne brillent pas intellectuellement. Susan Fiske et ses collaborateurs ont également étudié les émotions et les réactions comportementales que suscitait chacun des quadrants.

---

12. Fiske, S. T. (2011). *Envy Up, Scorn Down. How Status Divides Us*. New York : Russell Sage.

De manière presque concomitante, Susan Fiske a étudié une autre ambivalence avec son collègue, Peter Glick [13]. Cette fois, il s'agissait de l'ambivalence pour un groupe particulier, les femmes. L'ambivalence a ici une double signification. D'une part, elle se comprend au sens premier : hostilité et paternalisme s'appliquent simultanément à une même cible, la femme. D'autre part, les préjugés sexistes, racistes, peuvent se manifester d'une double manière, d'où le deuxième sens d'ambivalence : hostilité et paternalisme peuvent *tous les deux* refléter des réactions sexistes. L'ambivalence est ici différente de ce qui était entendu originellement.

La plupart des théories réduisent le préjugé sexiste à une attitude d'antipathie, et les études traditionnelles dénonçaient les jugements défavorables que les hommes portaient sur les femmes comme, par exemple, l'incompétence, l'excès d'émotivité et les prétentions féministes. D'autres yeux voient plutôt les rôles différents remplis par les hommes, surtout actifs, et les femmes, davantage communautaristes, malgré une diversité plus grande de rôles : femme au foyer, au travail, au lit, à la garderie, etc. Glick et Fiske ont spéculé qu'une attitude hostile envers une femme pouvait s'accompagner, parfois chez la même personne, d'une attitude positive comme, par exemple, de la galanterie. Ils vont alors créer et tester un questionnaire, l'*Ambivalent Sexism Inventory* (ASI), pour vérifier leurs prédictions de départ.

Pour les créateurs du test, le sexisme est un « préjudice », c'est-à-dire un préjugé qui fait du tort. Cet aspect est évident pour la partie « hostile » dans laquelle les hommes font une série de reproches aux femmes surtout en raison de de leur féminisme. D'un autre côté, le tort pourrait résulter aussi d'un paternalisme condescendant envers une femme, qui complète l'homme en même temps qu'elle répond à ses besoins d'affectivité. La première partie est associée aux stéréotypes négatifs vis-à-vis des femmes et on parlera de *sexisme hostile*, tandis que la seconde est affiliée aux stéréotypes prétendument positifs et on parlera de *sexisme bienveillant*.

Au départ, les auteurs imaginaient que chaque aspect du sexisme serait dû à trois volets conçus en miroirs :

---

13. Glick, P., & Fiske, S. T., (2001). Ambivalent sexism. *Advances in Experimental Social Psychology*, 33, pp. 115-188.

– le paternalisme dominateur ou le paternalisme protecteur,
– la différentiation compétitive ou l'intimité complémentaire,
– et l'hétérosexualité hostile ou l'hétérosexualité intime.

Les réponses de plus de 1 500 personnes de 19 pays ont été analysées. Sexisme hostile et bienveillant ressortent clairement, mais alors que le sexisme hostile est unitaire, le sexisme bienveillant est bien réparti en trois facteurs. Il est également intéressant de remarquer que, dans la plupart des pays, plus les hommes – et surtout les femmes – ont un score élevé en sexisme hostile, plus ils et elles ont aussi des résultats élevés en sexisme bienveillant. Bien sûr les relations ne sont pas toujours élevées, et même parfois négatives. Néanmoins, une vue d'ensemble montre clairement un degré certain de relation entre les deux sexismes. Enfin, plus l'inégalité entre les sexes est développée dans les pays, selon un index des Nations unies, plus le sexisme en général (ASI) est élevé. Ces derniers résultats confortent la validité des scores de sexisme.

Voici quelques items des deux parties distinctes du test d'ambivalence sexiste (ASI) :

Sexisme hostile

– Quand une femme a réussi à faire en sorte qu'un homme s'engage envers elle, elle essaie souvent de le tenir en laisse.

– En général, une femme n'apprécie pas à sa juste valeur ce qu'un homme fait pour elle.

– Sous l'apparence d'une politique d'égalité, beaucoup de femmes recherchent en fait des faveurs spéciales, comme un recrutement en entreprise qui les favorise.

Sexisme bienveillant

– Lors d'une catastrophe, les femmes doivent être secourues en premier lieu (paternalisme protecteur).

– Les femmes, comparées aux hommes, ont tendance à être plus cultivées et à avoir plus de bon goût (complémentarité).

– Tout homme devrait avoir une femme qu'il adore (intimité sexuelle).

Deux difficultés se poseront à Glick et Fiske. Sexismes hostile et bienveillant recouvrent-ils vraiment des réalités différentes ? En effet, comme nous l'avons fait entendre plus haut, une analyse factorielle trouve bien deux facteurs principaux, mais ils corrèlent fortement entre eux. En d'autres termes, quelqu'un qui maltraite les femmes se montre également galant envers elles. Les auteurs vont cependant garder les deux concepts étant donné leur distinction théorique et le support qu'ils ont trouvé dans d'autres études. D'ailleurs, la majorité des recherches innovantes se centreront sur le sexisme bienveillant, le versant hostile allant de soi.

En deuxième lieu, s'agit-il bien d'une ambivalence avec deux idéologies contraires agissant de pair ? La personne qui maltraite les femmes et se montre également galante devrait ressentir de la dissonance cognitive, c'est-à-dire une tension désagréable à laquelle elle devrait chercher à échapper : la galanterie est psychologiquement incohérente avec les mauvais traitements et l'échappatoire devrait faire en sorte, par exemple, d'opter pour une seule des actions. Glick et Fiske proposent deux solutions pour échapper à cette dissonance cognitive. Sexisme hostile et sexisme bienveillant peuvent s'adresser à des catégories de femmes très différentes. Je puis honnir les féministes et adorer les femmes traditionnelles. La deuxième solution est de prendre le temps en considération : après la pluie le beau temps, l'amour après la rage. Si les cibles et les moments sont différents, on peut se demander s'il y a vraiment ambivalence, mais admettons.

Personnellement, je n'éprouve pas les difficultés de Glick et Fiske. Je perçois les femmes comme simultanément demandeuses et donneuses, revendicatrices et altruistes. L'amour fou de Gad Elmaleh doit bien exister : « Je l'emmènerai jusqu'au bout du monde, elle me fera la cuisine ! » La situation est la même que celle dénoncée pour les Noirs, qui seraient objets d'une idéologie à la fois méritocratique et égalitaire.[14] Cette image floue de la cible, la femme, s'éclaircira selon les circonstances, mais j'ai le sentiment que les deux réalités concomitantes font sens.

J'ai, en fait, un autre problème. J'ai des réticences à accepter le sexisme bienveillant comme raciste. Mes cours sur le sujet devaient

14. Katz, I., & Haas, R. G. (1988). Racial ambivalence and American value conflict : Correlational and priming studies of dual cognitive structures. *Journal of Personality and Social Psychology*, 55, pp. 893-905.

être convaincants car beaucoup de mes étudiantes avaient la même impression que moi. N'est-ce pas un signe de politesse, *indépendant du sexe* de la personne, de tenir une porte ouverte, de se lever à l'arrivée de quelqu'un, de la suivre quand elle monte un escalier et de la précéder lorsqu'elle descend ? C'était en tout cas ma réaction et celle des étudiantes. Nous étions peu influencés par la pensée de Hume pour qui le sexisme se manifeste davantage dans la galanterie que dans la tyrannie.

Nonobstant notre impression, un certain nombre de femmes ressentent le sexisme bienveillant comme de la condescendance à leur égard. On les secoure, les chérit et les protège parce que, d'une façon, elles souffrent d'un handicap, celui d'être une femme.[15] Et, de fait, j'ai dû mettre ma *politesse* en poche lorsque j'interagissais avec certaines doctorantes. Quoi qu'il en soit du débat, il est fascinant de constater que les minorités en général, et les femmes en particulier, ne se rendent souvent pas compte des discriminations subtiles.[16] Si on leur fait montre d'un paternalisme protecteur plutôt que condescendant, si les groupes dominants font preuve de galanterie plutôt que de goujaterie, les minorités profiteront rarement de l'occasion offerte par la gentillesse de leurs « maîtres » et respecteront le statu quo, c'est-à-dire qu'elles continueront à accepter leur statut inférieur. Notons également qu'alors que ces minorités n'ont quasiment que l'action collective pour modifier la hiérarchie des groupes, elles choisissent des tactiques individualistes, méritocratiques, comme la performance dans un domaine où, cela se sait, elles sont inférieures. En d'autres termes, plutôt qu'un changement social, qui engage le groupe, les minorités choisissent la mobilité individuelle qui ne leur laisse pas beaucoup de chances en tant que groupe. C'est du moins le cas pour le travail ; cela peut l'être beaucoup moins au niveau conjugal quand la femme est promue (elle « passe », dit-on fréquemment en Grande-Bretagne avec une référence implicite au système des classes) tout en restant un instrument de mise en valeur. Il est normal dans cette perspective que la femme d'un

---

15. Dardenne, B., Dumont, M., & Bollier, T. (2007). Insidious dangers of benevolent sexism : Consequences for women's performance. *Journal of Personality and Social Psychology*, 93, pp. 764-779.

16. Ellemers, N., & Barreto, M. (2009). Maintaining the illusion of meritocracy : How men and women sustain gender inequality at work. In Demoulin, S. Leyens, J. Ph., & Dovidio, J. F. (Eds.), *Intergroup Misunderstandings : Impact of Divergent Social Realities*. New York : Psychology Press, pp. 191-212.

groupe minoritaire ambitionne d'épouser un Blanc ou une roturière un aristocrate.

***

La discrimination raciste distingue un groupe en se montrant injuste vis-à-vis de cette cible. Elle se comprend facilement et les exemples viennent aisément. Beaucoup plus compliqués sont les préjugés racistes. Je rappelle qu'il s'agit de croyances au détriment d'un groupe et, surtout, d'affects négatifs comme le dégoût, le mépris, la condescendance. Dans le langage courant, nous avons vu que les préjugés sont souvent assimilés aux stéréotypes. De même que la discrimination, les stéréotypes sont facilement repérables. Selon moi, ce sont les préjugés qui sont la certification du racisme. Cette conviction théorique n'a rien à voir avec le *« prejudice »* des anglophones, mais il faut reconnaître que les différentes composantes de racismes variés (ethnique, religieux, politique, etc.), y compris les préjugés comme entendus dans la langue française, sont désignées par *« prejudice »* en anglais.

Ici, à la lumière des exemples développés dans le chapitre, ce seront les généralités des préjugés que j'aimerais résumer dans cette conclusion. On a tendance à traiter comme synonymes pré-jugement et préjugé. Même si les gens ressentent parfois des réactions négatives immédiates, quasiment automatiques, à l'encontre d'un groupe – on pourrait parler d'un pré-jugement –, je résiste à l'idée de traiter ce dernier concept comme équivalent à préjugé.

J'ai avoué être raciste à l'encontre de certains groupes. Selon le groupe, je ressens du dégoût, du mépris ou de la haine. Cet aveu n'est pas facile à faire ; je pourrais non pas me targuer de ne pas être raciste, mais simplement me taire. Je revendique, par contre, que j'ai longuement pesé mes jugements, que je me suis remis en question, que j'ai voulu modifier mes émotions, que j'ai essayé d'appréhender différemment les actes de ces groupes. Les militants du FN travaillent certainement beaucoup, mais c'est pour mieux justifier leur position raciste. Moi, j'ai travaillé pour ne pas être raciste et, dans certains cas, j'ai réussi à changer mes préjugés. Comme je l'ai dit dans l'introduction, pour guérir il est nécessaire de reconnaître avoir une maladie honteuse.

Je voudrais aussi revenir à l'idée d'ambivalence. Au cours du chapitre, j'ai soutenu l'idée que l'ambivalence naissait du rejet d'un racisme explicite et je revendique toujours l'affirmation que nous sommes tous ambivalents. L'ambivalence ne doit pas être comprise au sens premier du sexisme ambivalent, quand le racisme peut se manifester de manière hostile ou bienveillante. J'ai davantage en tête l'ambivalence concernant les va-et-vient entre méritocratie et égalitarisme.[17] Quitte à avoir des préjugés, espérons que ceux-ci soient ambivalents, signe de ce qu'ils ne sont pas acceptés derechef. Il faut aussi espérer que beaucoup de ces préjugés se perdent en même temps que leur ambivalence. Un exemple me suffira. Beaucoup de gens sont sans doute homophobes de manière ambivalente. Néanmoins, j'estime que rarement un préjugé aura autant évolué que celui concernant l'homosexualité. Dans les années 1960, il était normal d'être opposé à l'homosexualité ; je veux dire par là que c'était la norme dans la société et qu'il n'y avait donc aucune honte à proclamer publiquement son homophobie. Maintenant, et du moins dans les cercles que je fréquente et chez les jeunes, l'homophobie a fortement diminué. Les préjugés ont perdu de leur force. Restent des personnes ambivalentes. Puisse l'évolution des réactions à l'homosexualité devenir un exemple pour de nombreux autres domaines actuellement problématiques.

---

17. Katz, I., & Haas, R. G. (1988). Racial ambivalence and American value conflict : Correlational and priming studies of dual cognitive structures. *Journal of Personality and Social Psychology*, 55, pp. 893-905.

Chapitre 7
Plus humains que les autres

Dans le chapitre 2, quand nous avons commencé à présenter différentes théories sur le racisme, nous avons aussitôt fait appel au concept d'ethnocentrisme.[1] Ce mot nous vient d'un économiste à la fois sociologue et anthropologue, William Graham Sumner[2] et désigne une réalité probablement universelle : il s'agit de prendre son groupe d'appartenance comme point de référence ultime – le meilleur –, et de jauger ce qui l'entoure à son échelle. L'ethnocentrisme fait que nous reconnaissons les autres comme des « semblables », des humains, mais en même temps, il nous conduit à considérer ces autres comme des « autres » au sens premier, c'est-à-dire des gens qui ne nous sont pas vraiment similaires. Il y a ici un paradoxe apparent. Une reconnaissance de communauté, de similitude est nécessaire pour que l'on puisse évaluer les différences. S'il n'y avait pas cette reconnaissance, il serait impossible de se sentir supérieur. On serait face à des pommes et des poires, sans critère de valeur.

Selon l'ethnocentrisme, nous sommes donc à la fois semblables et différents. La similitude est vécue comme antagoniste à la différence et, inversement, la différence combat la similitude. Sur quelle dimension pouvons-nous nous dire à la fois semblables et différents ? Évidemment, il serait possible de créer des groupes sur des détails comme le fait d'être élancé ou trapu avec des cheveux de couleurs différentes. Ces détails importent peu lorsqu'il s'agit de prendre en compte l'ensemble de tous les groupes. L'idée défendue dans ce chapitre en particulier, et dans ce livre en général, est que *l'humanité nous assemble et nous divise*. Toujours dans la droite ligne de l'ethnocentrisme, nous pourrons aller jusqu'à estimer que nous sommes plus humains que les

1. Jahoda, G. (1992). On the origins of antagonism towards « the Others ». *Zeitschrift für Ethnologie*, 127, pp. 1-16.
2. Sumner, W. G. (1006). *Folkways : a study of the sociological importance of usages, manners, customs, mores, and morals*. Boston : Ginn and Co.

autres. C'est ainsi que nous terminons ce livre par le concept de déshumanisation. Mais revenons tout d'abord au concept de l'ethnocentrisme et de sa dynamique entre similitude et différence. S'il y a similitude au départ, il suffira de différences culturelles légères pour que nous nous posions, avec révulsion, la question : « Qui sont ces gens-là qui ne sont pas de chez nous ? ». En d'autres mots, le groupe d'appartenance – « chez nous » – représente le bijou le plus important au monde et tous les carats des autres pierres précieuses seraient à la fois moins lourds et d'une eau moins pure. Pour montrer à la fois cette puissance du groupe d'appartenance et le fait que l'ethnocentrisme n'est pas inéluctablement lié à un groupe particulier (comme le plus opulent), voici quelques exemples, simplifiés, de la force du lien social ou de ce que certains appellent aussi autrui privilégié ou encore le « chez nous ».[3]

LE SYNDROME DE STOCKHOLM

Le syndrome de Stockholm est un attachement réciproque entre ravisseurs et otages. Il est dû à la tension extrême que les deux parties ressentent, puisque toutes deux sont en danger de mort. L'expression a été forgée après une prise d'otages dans une banque suédoise. Sur le point d'être capturé, un homme qui avait voulu dévaliser la banque prit quatre employées en otage. Après plusieurs jours, il se rendit finalement aux autorités, mais lors du procès aucune employée ne voulut témoigner contre lui. L'une d'elles a même vécu une relation amoureuse avec lui.

Voici d'autres exemples, dramatiques, de ce syndrome.

En juin 1985, après dix-sept jours de négociation, le gouvernement américain parvient à faire libérer sains et saufs tous ses compatriotes, passagers d'un Boeing 727 TWA pris en otage sur l'aéroport de Beyrouth. Chacun peut imaginer les odeurs et la chaleur accumulées dans un espace confiné, pendant plus de quinze jours en plein soleil estival. C'est pourquoi on s'attend à ce qu'un autre Boeing vienne chercher les otages au plus vite. Au lieu de cela, ce sont des camions militaires qui les emmènent à Damas. À vol d'oiseau, la distance n'est

---

3. Sauvageon, E. (1985). L'affaire des otages américains à Beyrouth (14-30 juin 1985), *Annales de droit international*, 31, pp. 237-253.

pas énorme mais par la route, en camion militaire, en été, et après autant de jours entre la vie et la mort, c'est l'enfer en même temps que la résurrection ! Ce n'est pas encore un super-jet qui les attend en Syrie, mais un avion militaire qui va les emmener dans un hôpital de Francfort. Décidément le confort des passagers n'est pas la priorité ; des passagers qui, d'ailleurs, sortent de l'avion à Francfort avec, sur le dos, des couvertures standing militaire, et, dans les bras, deux « choses » sur lesquelles nous reviendrons un peu plus loin. Il est prévu que les otages passent quelques jours dans l'hôpital américain pour être « déconditionnés » et qu'ils regagnent les États-Unis tous ensemble pour la fête nationale du 4 juillet. Peu d'images de l'arrivée à Francfort sont transmises à la télévision américaine. Après une conférence de presse du porte-parole des otages, les journalistes sont interdits de contact avec ces derniers. Finalement, au lieu du retour triomphal dans la mère-patrie, chacun est invité à continuer à voyager ou à rentrer chez lui de manière plus ou moins discrète.

Pourquoi ces transbahutements jusqu'à Francfort ? Pourquoi un hôpital de « déconditionnement » ? Pourquoi cette discrétion américaine sur le séjour en Allemagne ? Pourquoi cette interruption d'échanges avec la presse ? Pourquoi ce retour triomphal décommandé ? La réponse à ces questions est donnée par les deux « choses » que les otages tenaient à la main en descendant de l'avion militaire : des œillets, les fleurs symboles du Liban, et le Coran !

Le gouvernement américain avait certainement été prévenu que les otages, à Beyrouth, « souffraient » d'un syndrome de Stockholm. D'où les transbahutements. On se donne le temps de fatiguer davantage les passagers pour les rendre plus réceptifs à une autre influence (anti-Stockholm, anti-arabe), de les interroger et de les faire revenir à la raison… nationale ! Peine perdue, les images le montrent, le porte-parole le proclame, et le retour escamoté le confirme. Ce que ces Américains moyens ont appris l'emporte sur les fanfaronnades de Ronald Reagan. Les récits de Chabra et de Shatila – événements datant de seulement trois ans – et les nombreuses ignominies anti-palestiniennes étaient trop tragiques pour ces personnes qui, jusque là, devaient sans doute ignorer les enjeux de la situation au Moyen-Orient.

Cet attachement réciproque entre otages et ravisseurs, comme entre négociateurs et ravisseurs, est maintenant bien connu ; les autorités responsables du dénouement d'une prise d'otages font tout pour le faciliter, et les ravisseurs professionnels tout pour l'éviter. On propose, ou refuse, des lignes téléphoniques à la place du mégaphone ; on fait servir des repas à préparer et à manger ensemble ou séparément ; il s'agit de tout mettre en place pour favoriser, ou empêcher, les interactions. Si le syndrome s'installe, des vies humaines seront sans doute sauvées. L'exemple le plus poignant de cette possibilité s'est produit dans un train en pleine campagne néerlandaise. Le train avait été pris en otage par des indépendantistes moluquois qui tuaient une personne par jour tant que leurs revendications n'étaient pas rencontrées. Le jour où un otage nommé Gerhart Vaders[4] fut désigné comme victime[5], il demanda la permission de laisser un message à sa famille, message qu'il dicta au chef des ravisseurs. Finalement, c'est un autre otage qui fut abattu !

Si de tels liens se forgent entre des gens que tout ou presque oppose, l'imagination risque de manquer pour réaliser ce qui doit se passer entre des gens qui s'aiment, s'apprécient, partagent les mêmes hobbies, ont les mêmes valeurs, etc. D'une certaine façon, il n'est pas étrange que le groupe d'appartenance, depuis la famille jusqu'au groupe de loisirs, constitue un aimant pour ceux qui en font partie et un étalon pour juger les caractéristiques de ce qui n'entre pas dans ce cercle magique. Il n'est pas insolite non plus que n'importe quelle contrariété à l'égard du groupe d'appartenance puisse prendre l'allure d'une inimitié. Dans le deuxième chapitre, nous avons clairement fait la différence entre, d'une part, le favoritisme pour l'endogroupe et, d'autre part, le dénigrement de l'autre groupe. Dans ce chapitre, nous traiterons de ce qui est sans doute la forme la plus haineuse du racisme, la déshumanisation.

L'autre, dans notre esprit, peut simplement sembler détenir moins d'humanité que les membres de notre groupe, tout comme nous pouvons estimer que son humanité est inexistante. Ethnocentrisme et altruisme ne sont pas éloignés, avons-nous dit. Dans le cas de la déshumanisation, l'altruisme intra-groupe se manifeste en jouant un rôle protecteur pour l'endogroupe. Comme on l'imagine, cette protection prendra des visages très différents. Nous allons présenter plusieurs

4. Vader signifie père en néerlandais.

5. *Paroles d'otages* de Jean-Claude Raspiengeas et Patrick Volson (1989). Récit de trois otages : Gerhard Vaders, Édouard-Jean Empain et Jean-Paul Kauffmann, VHS, TF1 Vidéo, 1990. Première diffusion du documentaire en France, sur TF1 en 1990.

approches de la déshumanisation avant de nous attarder plus longuement sur une forme minimale, mais quotidienne, de la déshumanisation, à savoir l'infrahumanisation.

DÉSHUMANISATION ET INFRAHUMANISATION

La déshumanisation ne s'adresse pas à un individu particulier, mais aux membres d'un groupe, que celui-ci soit ethnique, national, religieux, linguistique, sexuel, porteur d'un handicap ou autre. Tous les groupes peuvent être déshumanisés, c'est-à-dire privés principalement de leur sentiments, rationalité et moralité, bref, de ce qui faisait d'eux des humains. Très souvent, la déshumanisation entraîne l'animalisation des autres. Les animaux choisis pour désigner ces autres déshumanisés sont souvent des animaux porteurs de maladie (vermine, rats...). La déshumanisation peut aussi objectiver les autres, les transformer en de simples objets, pour la jouissance sexuelle par exemple, ou les réduire à leur seule force de travail. Les femmes notamment sont fréquemment réduites à des objets sexuels. D'un autre côté, les femmes sont également souvent animalisées. L'aspect sexuel évoqué fait alors davantage penser à la nature sauvage à dompter qu'à un objet déjà « fabriqué ». On parle de panthères qui recherchent les vieux opulents, ou de cougars qui sont à la chasse de gigolos.

La déshumanisation est vieille comme le monde et répandue aux quatre coins de la planète. Son aspect dramatique a empêché qu'on l'étudie autrement que comme un élément linguistique dans les descriptions verbales d'horreurs guerrières, génocidaires, etc. En tant que chercheur, notre intérêt était de pouvoir mesurer l'humanité ou la déshumanisation. La façon choisie fut de tenter de définir ce qui est uniquement humain ou ce qui n'est pas partagé avec les animaux. Voici une expérience réalisée dans ce but. Figurez-vous un des rares jours où le soleil envahit Louvain-la-Neuve, petite ville universitaire de la grise Belgique. Tout le monde est aux terrasses. Moi aussi, et je demande à mon interlocuteur ce qui d'après lui est typiquement humain. Je repose la question à quelqu'un qui n'a pas entendu les premières réponses. Me voici vite en train d'écumer les tables et, devant aller donner cours, je demande aux étudiants d'écrire sur une feuille les caractéristiques humaines dans leur ordre de typicité. Quelques jours plus tard, nous poserons la même question aux étudiants de l'université de La Laguna à Tenerife et nous dépouillerons les réponses avec le même enthousiasme que précédemment.

Dès la première réponse reçue à la première terrasse, tout le monde répondait dans l'ordre : *primo*, intelligence, *secundo,* langage ou sentiment. Curieusement, lorsqu'on examinait les feuilles-réponses des étudiants, le mot émotion (ou un exemple ou synonyme selon la liste classique : colère, surprise, joie, tristesse, peur, douleur, et pour certains dégoût) n'est jamais apparu ou alors, rarement en toute fin de liste. Les sujets faisaient donc une différence énorme entre sentiments et émotions. La différence de signification entre sentiment et émotion est propre aux langues latines; elle ne se retrouve pas ailleurs ou que très faiblement. Pour la clarté de l'exposé, il fallait cependant trouver des termes compréhensibles couvrant cette réalité indépendamment de la langue d'origine. La solution fut facilement trouvée, et ce de la façon suivante. Dans divers pays de langues différentes, des collègues distribuèrent des feuilles avec des listes de termes émotionnels. Les gens devaient nous dire pour chaque terme dans quelle mesure il était uniquement humain ou partagé avec le monde animal, en rapport avec la moralité et l'intellect. Ils devaient aussi dire si ces termes reflétaient des intensités fortes, étaient visibles, apparaissaient tôt dans la vie, etc. Dans tous les pays testés, les gens firent les mêmes groupements quand ils devaient distinguer des termes émotionnels uniquement humains (par exemple : nostalgie, bonheur, mépris, indignation) ou des termes émotionnels non typiquement humains et peut-être partagés avec des animaux (par exemple : crainte, attachement, douleur, tension). Les sentiments, uniquement humains, étaient moins visibles et moins intenses, apparaissaient plus tard dans la vie, étaient liés à la moralité et à la cognition, et avaient une cause interne. Notre prédiction des regroupements était guidée par l'ethnocentrisme, qui s'est avérée exacte. La puissance de ce dernier est telle que Lévi-Strauss relève que tout groupe qui diffère du nôtre sur une caractéristique inattendue est rejeté.

> *Dans les deux cas, on refuse d'admettre le fait même de la diversité culturelle ; on préfère rejeter hors de la culture, dans la nature, tout ce qui ne se conforme pas à la norme sous laquelle on vit.*[6]
>
> *L'humanité cesse aux frontières de la tribu, du groupe linguistique, parfois même du village ; à tel point qu'un grand nombre de*

6. Lévi-Stauss, C. (1952 /1987). *Race et histoire*. Paris : Denoël, p. 20.

populations dites primitives se désignent d'un nom qui signifie les « hommes » (ou parfois – avec plus de discrétion, dirons-nous – les « bons », les « excellents », les « complets »), impliquant ainsi que les autres tribus, groupes ou villages ne participent pas des vertus – ou même de la nature – humaines , mais sont tout au plus composés de « mauvais », de « méchants », de « singes de terre » ou « d'œufs de pou ». [7]

Ainsi se réalisent de curieuses situations où les deux interlocuteurs se donnent cruellement la réplique. Dans les Grandes Antilles, quelques années après la découverte de l'Amérique, pendant que les Espagnols envoyaient des commissions d'enquête pour rechercher si les indigènes possédaient ou non une âme, ces derniers s'employaient à immerger des blancs prisonniers afin de vérifier par une surveillance prolongée si leur cadavre était, ou non, sujet à la putréfaction. [8]

La conclusion de ce raisonnement parti de l'ethnocentrisme s'imposait : les gens diront que leur groupe est plus humain que les autres et ils le « prouveront » en attribuant différemment sentiments uniquement humains et émotions non uniquement humaines à leur groupe et à d'autres. [9] À notre façon, nous avions trouvé « notre âme » (ce qui est uniquement humain) et la « physiologie » de ces autres inconnus (ce qui est partagé entre animaux sociaux).

Voici le résumé du type d'étude le plus simple que nous avons utilisé pour montrer que l'humanité ou la déshumanisation pouvaient être abordées expérimentalement. Les sujets sont des étudiants de l'université de La Laguna. Ils reçoivent tous une feuille qui les prévient qu'il s'agira d'une expérience sur la perception entre groupes et ils doivent

7. *Ibid.*, p. 21. Notons, par exemple, que l'origine indo-européenne de *Deutsch*, allemand, serait un mot signifiant *être humain.*

8. Lévi-Strauss a mis en cause l'âme des indigènes américains quarante années avant que Jean-Claude Carrière n'écrive un roman en dramatisant divers aspects de *La Controverse de Valladolid*, notamment la dispute entre les théologiens Las Casas et Sepulveda pour décider si les Indiens avaient ou non une âme. Le roman de Carrière est devenu vérité enseignée au plus haut niveau, mais contient des erreurs que l'auteur admet et justifie par la dramatisation. En fait, le Pape Paul III avait reconnu l'existence de l'âme treize ans auparavant. Le véritable procès de Vallalodid avait néanmoins l'humanité comme objet. Pouvait-on faire la guerre à ces personnes, les rendre esclaves ou, par exemple, les torturer et les traiter comme des animaux.

9. Dans les articles internationaux, nous ne parlons évidemment pas de sentiments et d'émotions mais de *« uniquely and non uniquely human emotions »* ou de *« primary and secondary emotions ».*

répondre dans quelle mesure ils s'identifient aux îles Canaries. Sur la deuxième feuille, différente pour la moitié des étudiants, les sujets doivent choisir dix à douze caractéristiques qu'ils estiment typiques soit des Canariens soit des Espagnols de la Péninsule. La même expérience est réalisée dans différentes universités espagnoles (Grenade, Madrid, Barcelone) sauf que là, les groupes à décrire sont les étudiants de l'université ou les Canariens. Parmi les choix, se trouvent trois sentiments positifs et trois autres négatifs, trois émotions positives et trois négatives. En plus, il y avait une moitié de termes positifs et négatifs concernant la compétence et la sociabilité qui servaient de « distracteurs » pour que les gens ne se focalisent pas uniquement sur les sentiments et les émotions. Nous nous étions spécialement assurés que les valences entre catégories de mots étaient égales de sorte que le choix des mots ne pourrait s'expliquer par leur positivité. Les résultats sont limpides. Les étudiants de La Laguna choisirent pour eux plus de sentiments *positifs et négatifs* qu'ils n'en attribuèrent aux Espagnols du continent. Par contre, ils distribuèrent les émotions de manière équitable. Et les Espagnols firent de même. En d'autres termes, chaque groupe estimait être plus humain que l'autre.

Il n'y a pas plus de dix ans que des formes subtiles de l'infrahumanisation ont commencé à faire l'objet de recherches. Cette découverte, qui a donné lieu à toute une littérature, a permis différentes découvertes. Tout d'abord, les gens qui infrahumanisent n'ont pas du tout conscience de ce qu'ils font. L'expérience que j'ai retracée plus haut était, comme je l'ai dit, la plus simple, mais les étudiants et autres personnes soumis aux mêmes conditions n'ont jamais manifesté de suspicion quant au but réel de l'investigation. Nous avons aussi réalisé toutes sortes d'expérimentations électroniques avec des procédures hypersophistiquées ; à nouveau, les sujets n'avaient pas le moindre soupçon sur les desseins de l'expérimentateur. Si, sans s'en rendre compte, les gens sont prêts à retrancher une part d'humanité à un autre groupe, cette sournoiserie en dit long sur ce dont les humains sont capables dans leur vie de tous les jours.

Le concept d'infrahumanisation est également intéressant parce qu'il s'agit d'un phénomène intergroupe. Sauf cas exceptionnels, l'infrahumanisation ne se manifeste jamais entre individus, mais toujours entre groupes (qui peuvent être représentés par un ou des individus abstraits qui représenteront l'Albanais ou l'Australien). L'aspect intergroupe plutôt qu'interindividuel est convergent avec l'ethnocentrisme. En effet, s'il n'y avait que des individus, ceux-ci réaliseraient immédiatement qu'ils sont dissemblables et aucun besoin institué comme la déshumanisation n'aurait été nécessaire ; il eut suffi de définir autrui par quelques caractéristiques : les râleurs, les imbus d'eux-mêmes, etc.

Autre aspect intéressant et, en fait, fondamental : les sujets qui donnaient les attributs uniquement humains ne se restreignaient pas à des sentiments positifs ou négatifs. Nous considérons alors qu'il y a infrahumanisation uniquement lorsqu'il y a plus de sentiments positifs *et* négatifs accordés au groupe d'appartenance qu'aux autres groupes.

Pour dénommer ce phénomène, j'ai hésité entre *sous-humanisation* (subhumains ou *Untermenschen*, comme les nazis appelaient les Juifs) ou *infrahumanisation* (infrahumains). Tous mes collègues, surtout américains, me poussaient à employer *déshumanisation*, mais je n'ai pas suivi leur conseil parce que nos expériences montraient que les groupes percevaient les autres groupes comme *moins* humains et non pas comme *non* humains. D'un point de vue pragmatique, même si l'infrahumanisation a été à la base d'une littérature abondante, mon choix était une erreur étant donné que tout le monde, moi y compris parfois, emploie le terme fourre-tout de déshumanisation.

J'ai plusieurs fois souligné qu'il ne fallait pas confondre théoriquement favoritisme de l'endogroupe et dénigrement de l'exogroupe. Un des aspects de l'infrahumanisation qui me semble le plus intéressant est qu'elle est *à la fois* favoritisme d'un groupe *et* rejet de l'autre. Ceci ne veut pas dire que les choses se présentent de manière symétrique pour les deux groupes. Selon les cas, ce sera l'humanité de l'endogroupe ou l'infrahumanisation de l'exogroupe qui sera particulièrement affirmée – nous en verrons bientôt des exemples –, mais la coexistence théorique me paraît fondamentale. C'est la première fois que ces deux phénomènes distincts sont imbriqués l'un dans l'autre.

Lorsque mes collègues et moi envoyions un article sur le sujet pour expertise en vue d'une publication, plusieurs experts ne manquaient pas de nous faire la remarque suivante : les caractéristiques uniquement humaines comme les sentiments appartiennent à l'intime. « Vous dites vous-mêmes que les sentiments sont moins visibles que les émotions. Donc, vos sujets associent davantage de sentiments à leur groupe pour une simple raison de familiarité. » Il ne s'agirait donc pas d'infrahumanisation des autres groupes mais d'une meilleure connaissance de son propre groupe. Les études montrent que cette explication de *familiarité* s'avère incorrecte.

Il existe un lien primordial entre le groupe et ses membres. Il est tellement évident qu'on l'oublierait. Il s'agit de l'*identification* des gens à leur endogroupe. Si je ne m'intéresse pas plus à mon groupe qu'aux chansons de Lady Gaga, je ne porterai pas mon groupe aux nues et ne l'estimerai pas plus fascinant que son voisin. Ce qui compte, c'est l'individu *et* son groupe. C'est une dyade indissoluble dont l'individu ressort tellement content que, pour lui, c'est l'endogroupe qui représente le taux d'humanité. Quand on infrahumanise, on devient nationaliste ; en cas d'hyperactivité, on pourrait même placer son groupe au Panthéon des nations en même temps qu'on ne jugerait pas les autres groupes dignes d'un entrefilet dans un journal publicitaire ! Donc, quand on humanise, c'est notre propre groupe qui devient la cible ; c'est lui qui devient particulièrement humain et c'est ce qui lui est positivement associé qui s'humanise à son tour. [10]

Une autre caractéristique spéciale de la déshumanisation est l'absence de *conflit*. Bien sûr, le conflit favorise l'apparition de l'infrahumanisation, mais il n'est pas nécessaire. Il suffit que des individus aient à former un groupe pour les besoins d'une expérience et aient à réfléchir sur ce qui les différencie d'un autre groupe pour que l'infrahumanisation se manifeste. Ce résultat est effrayant en ce sens qu'il implique que nous sommes prêts à priver d'humanité des gens avec qui nous n'avons pas le moindre désaccord, mais par rapport auxquels nous devons montrer notre dissimilitude. Il est difficile d'imaginer une approche plus conforme à l'ethnocentrisme : nous nous sentons à la fois semblables et différents et, donc, nous infrahumanisons, ce qui permet d'établir la dissemblance sans pour autant en supporter les possibles aléas. Cette infrahumanisation n'est pas, Dieu merci, systématique.

10. Paladino, M. P. & Vaes, J. (2009). Ours is human. On the pervasiveness of infrahumanization in inter-group relations. *British Journal of Social Psychology*, 48, 237-251.

CAUSES DE LA DÉSHUMANISATION

Face à l'avalanche des conflits entre groupes et des théories qui tentent de les expliquer, nous allons essayer de simplifier cette complexité en regroupant les thèmes qui, *a priori*, donnent leurs raisons d'être aux différences entre groupes. Une fois cette mise au clair achevée, nous pourrons plus systématiquement reprendre l'examen de l'infrahumanisation.

En 2007, j'avais partiellement intitulé un article sur l'infrahumanisation « Un mur de différences » et quelques jours plus tard je lisais une phrase d'un auteur dont j'ai malheureusement oublié l'identité qui disait que là où il n'y avait pas de frontières, il y a des murs. En fait, les psychologues sociaux ont traditionnellement appréhendé les différences entre groupes comme des questions de frontières. Avec les meilleures intentions du monde, ils rêvaient de pouvoir se passer du plus de frontières possibles pour envisager un monde où il n'y aurait que des individus égaux entre eux. Ajoutons que cette optique se retrouvait surtout chez les psychologues américains, et plus précisément encore chez ceux qui avaient des racines juives. Leurs vues coïncidaient avec la dernière phase des recherches de Sherif sur la Caverne des voleurs, au moment où les deux groupes étaient amenés à ne plus faire qu'un seul[11]. La vision européenne, avec sa multiplicité de nations, était beaucoup plus nuancée et envisageait des coalitions et des complémentarités. En fait, un univers d'individus est une utopie. Tout au long de ce livre, nous avons insisté sur la multiplicité des groupes ; s'il y a plusieurs groupes, ils diffèrent entre eux par définition. Tout au plus peut-on envisager les différences comme des frontières qu'on parviendrait à faire bouger pour l'harmonie de l'ensemble. Il n'y aurait pas *dé*-catégorisation mais éventuellement *re*-catégorisation entre différentes entités qui garderaient certaines de leurs spécificités.

Les relations entre groupes peuvent aller du meilleur au pire. Il serait banal de constater l'infrahumanisation à l'encontre d'ennemis ou même la déshumanisation dans son appréhension originale. Les autres ne doivent pas être nécessairement des ennemis pour être menaçants. Il

---

11. Sherif, M., Harvey, O.J., White, B.J., Hood, W.R. & Sherif C.W (1961). *Intergroup Conflict and Cooperation : The Robbers Cave Experiment*. Norman, OK : University of Oklahoma.

est habituel de distinguer deux types de menace : la *menace réaliste* et la *menace symbolique*. La menace réaliste est évidemment concrète : les prises de position de l'autre groupe peuvent se révéler antagonistes ; ou bien les membres de l'autre groupe peuvent être des concurrents possibles dans le domaine du travail. En bref, la réalité de la menace se retrouve dans les conditions de compétitions observées dans les expériences de Sherif lors des camps de vacances. Le deuxième type de menace est beaucoup plus intéressant. Il s'agit de la menace dite symbolique. Ici, il n'y a pas de comportements dirigés contre autrui – l'exogroupe par exemple – pour lui nuire ou le dévaluer. Dans la menace symbolique, c'est davantage ce que représente l'autre plutôt que ce qu'il fait qui est dangereux. Lorsqu'un autre groupe arrive avec des valeurs différentes, des coutumes vestimentaires ou alimentaires différentes, etc., il peut être perçu comme une menace dans la mesure où les valeurs et coutumes étrangères risqueraient d'être « contagieuses » ou « insidieuses ». Beaucoup de gens vivent l'arrivée d'immigrants comme une menace symbolique. Pour ces gens, les immigrants ne constituent pas une menace réaliste parce que leur niveau de qualification serait jugé trop inférieur, mais leur façon de se comporter dans la vie de tous les jours et les valeurs qu'ils représentent sont ressenties comme un danger. Les relations entre groupes peuvent donc être vécues comme une poudrière sans, momentanément, d'étincelle.

Par ailleurs, les conflits entre groupes peuvent dériver d'idéologies différentes. Tout le monde se souvient de la Guerre froide entre l'Ouest et l'Est ; c'était une question d'idéologie, comme ce fut le cas pour la guerre en Irak. De même, les disputes entre groupes dominants et dominés ont souvent une base idéologique. Les plus forts justifient leur puissance par une justice quasi immanente qui récompenserait leurs efforts et compétences, et s'opposerait à la décontraction et au laisser-aller des membres des groupes dominés. En effet, de nombreuses personnes fonctionnent avec l'idée que le monde est juste et que les gens reçoivent ce qu'ils méritent.

Un autre débat très chaud nous est familier ; il oppose les tenants de la cécité aux différences *(color-blindness)* à ceux qui en sont conscients *(color-consciousness)*. Pour rappel, et comme les termes anglais l'indiquent, ce débat concerne essentiellement les différences de couleur mais, actuellement, il s'est étendu aux différences ethniques quelles qu'elles soient et aux différences religieuses. Être *color-blind*, ce serait croire que tous les individus sont égaux. Cette croyance substitue souvent la similitude à l'égalité. Les gens qui refusent les différences le font généralement avec le sous-entendu que les autres doivent copier les habitudes, coutumes et valeurs de la société ambiante et dominante. Dans ce dernier cas, on parlera d'*assimilation*, qui est la politique déclarée et assumée de la France sous l'euphémisme d'identité nationale. D'autres pays adoptent la même vision, mais le font avec moins de prosélytisme. Face à la loi du silence, il y a la *color-consciousness*, qui accepte les différences en les respectant. En effet, sans respect, plus de reconnaissance, mais une observation qui peut mener à la non-acceptation, c'est-à-dire au racisme pur et dur. On parle aussi de *multiculturalisme* (ou de communautarisme), et parce que celui-ci est bousculé un peu partout, certains préconisent le *polyculturalisme*, qui juxtaposerait les groupes plutôt qu'il ne chercherait à les intégrer. Il existe bien d'autres idéologies liées au racisme comme le conservatisme ou l'autoritarisme. C'est un truisme que de dire que les dissensions résultent davantage d'idées que de faits avérés. L'explication de ces derniers est d'ailleurs le plus souvent une question d'idéologie. Menace réaliste, menace symbolique, dissimilitude et idéologie sont les mamelles de l'infrahumanisation.

Nous allons poursuivre en examinant de plus près deux types de déshumanisation : celle qui vise les ennemis lors d'un conflit et celle qui se produit en milieu hospitalier. Dans les deux cas, les cibles de déshumanisation sont des victimes, mais on va constater qu'elles le sont différemment et pour des raisons ou fonctions différentes.

FONCTIONS DE LA DÉSHUMANISATION GUERRIÈRE [12]

Dans l'optique ethnocentrique du semblable-différent, on partira du postulat que l'infrahumanisation a essentiellement une fonction de protection de l'endogroupe. Cette protection pourra être préventive aussi bien que réparatrice de même qu'elle mettra particulièrement en évidence l'humanité de l'endogroupe comme le déficit de l'exogroupe.

L'infrahumanisation relève de frontières entre groupes, de relations entre ces groupes et d'idéologies opposant ces derniers. La couleur de

12. Vaes, J., Leyens, J. Ph., Paladino, M. P., & Miranda, M. M. (sous presse). Dehumanization in intergroup relations. *European Review of Social Psychology*, 23.

la peau est une frontière naturelle et évidente pour certains. Un peu partout dans le monde se rencontrent des gens qui associent spontanément les Noirs à des singes. C'est un phénomène malheureusement bien connu (et accepté !) lors des matchs de football. Plus grave, des chercheurs américains ont analysé des articles de journaux relatifs à des criminels et ont relevé toutes les phrases où une métaphore simiesque était employée pour décrire des criminels. Non seulement les associations étaient plus fréquentes pour les Noirs que pour les Blancs, mais elles étaient également prédictives du verdict qui allait attendre ces délinquants noirs ; en effet, elles étaient davantage employées lorsque la sentence à suivre se révélait être la mort !

On parle souvent du Brésil comme d'un paradis pour les gens de couleur. Ce n'est pas toujours le cas. Dans une étude fort ingénieuse, on montrait à des étudiants brésiliens blancs la photo d'une personne, blanche ou noire, et on leur apprenait ensuite que celle-ci avait réussi ou échoué dans ses projets. Les gens en échec étaient infrahumanisés par les étudiants, sans doute pour justifier la perception qu'ils en en avaient. En effet, alors qu'ils avaient vu une photo de la cible, celle-ci « changeait » de couleur en fin d'investigation en fonction de sa trajectoire, réussie ou ratée. En d'autres mots, quelle que soit leur couleur de peau originale, les gens qui essuyaient des échecs devenaient des Noirs, incomplets au niveau de leur humanité. Ceux qui réussissaient gardaient leur humanité intacte et « blanchissaient ».

On appelle « classisme » ce processus qui isole les Noirs au Brésil. Celui-ci n'est pas une exclusivité du Brésil. La Grande-Bretagne est stéréotypée comme étant classiste et ce stéréotype est loin d'être faux ! Il semblerait que plus les groupes sont puissants et ont un statut élevé, plus ils infrahumaniseraient les autres de manière à justifier leur « excellence ». Personnellement, je ne suis pas sûr que le statut soit directement en cause. Je crois plutôt que les groupes cherchent à se donner une identité positive par l'infrahumanisation des autres, surtout quand l'endogroupe n'a pas un statut stable et établi. D'une certaine façon, les infrahumaniseurs se comporteraient comme des nouveaux riches qui veulent faire état de leurs avantages récents mais qui, en arrière-fond, se préoccupent de la stabilité de leur avenir. L'infrahumanisation de l'autre contribuerait ainsi à l'identité du « nous ».

La même argumentation se retrouve en ce qui concerne les relations avec son propre pays et avec les autres pays. Aimer son pays est tout à fait normal. Les compatriotes sont un autrui privilégié. Aimer son pays tout en détestant les autres pays relève du racisme… et de l'infrahumanisation. J'ai insisté plus haut sur le fait que l'infrahumanisation mettait en scène un double scénario, celui de l'humanisation de l'endogroupe – ou patriotisme – et le dénigrement des autres groupes – ou nationalisme. Autant il est bien vu d'être patriote et de s'identifier à son groupe d'appartenance, autant il est malséant de glorifier son groupe, c'est-à-dire de le hisser vers les sommets en écrasant les autres groupes.[13] Conformément au double scénario, il n'est plus étonnant que l'infrahumanisation corresponde au nationalisme (ou racisme) plutôt qu'au patriotisme.

Toujours au niveau des frontières, on a relevé le fait que celles-ci pouvaient parfois être modifiées. C'est le cas lorsqu'on essaie de faire en sorte que deux groupes qui ne s'entendaient guère forment une unité plus grande. Cette solidarité soudaine est fréquente dans le cas d'arrivée d'une troisième entité qui vient menacer les deux groupes d'origine, mais elle peut aussi se manifester en temps de paix relative. Les gens participent à des degrés divers à différentes identités. Si l'on prend les Européens, avant de l'être effectivement, ils seront très probablement Belges, Espagnols et Italiens. Si l'on considère chacun de ces trois pays, les gens seront d'abord Flamands, Basques ou Italiens du Nord avant de se sentir membres du pays dans sa globalité. Selon les circonstances, on peut cependant augmenter l'attrait pour ce dernier. Alors que je me considère comme Wallon (francophone non bruxellois du sud de la Belgique), je dirai que je suis Belge lorsque je m'entretiendrai avec des Norvégiens ou des Ukrainiens. Plus je me sentirai Belge, moi le Wallon, moins j'infrahumaniserai le « frère ennemi », le Flamand. Par contre, si mon identité se résume uniquement à la Wallonie, il pourrait ne pas y avoir de frein à mon rejet dégoûté des Flamands que je verrais alors moitié humains, moitié animaux.

Les relations coopératives ou compétitives vont également avoir un impact sur l'infrahumanisation qui continuera à jouer son rôle de protection. Si les relations sont de type compétitif, l'exogroupe

---

13. Berreby, D. (2008). *Us and Them. The Science of Identity*. Chicago : University of Chicago Press ; Livingstone Smith, D. (2011). *Less than Human*. New York : St Martin's Press.

sera toujours victime quoi qu'il fasse. S'il a mal agi dans le passé ou dans le présent, il risque d'être infrahumanisé. En fait, c'est moins le comportement effectif qui est en cause que ce qu'il implique. En se réfugiant dans notre pays, les sans-papiers ne nous nuisent en rien, mais apportent des valeurs et des coutumes qui, à tort ou à raison, sont vécues comme des menaces symboliques dont notre groupe d'appartenance se protège par l'infrahumanisation. Si, par contre, c'est notre groupe d'appartenance qui a le rôle d'attaquant, l'exogroupe en souffrira doublement. Non seulement il devra supporter le poids des attaques, mais celles-ci seront justifiées par son infrahumanisation.

Le voile islamique ou hijab (j'écarte les burka, niqab et sitar qui couvrent le visage) est un excellent exemple. Le port de ce voile, notamment à l'école, est apparu comme un signe allant à l'encontre de la laïcité en France ou de la neutralité en Belgique, ainsi que comme un signe de soumission de la femme. Le lecteur se rappellcra quc jc m'oppose à l'interdiction du voile. Il est curieux de voir qu'auparavant les signes religieux chrétiens ou hébraïques étaient acceptés et ne menaçaient en rien la laïcité ou la neutralité. Pour dissimuler le racisme tapi derrière son interdiction, on a étendu cette dernière à tous les signes religieux trop affirmés. Comme si le danger du voile, et sa signification, résidait dans sa superficie et comme si la soumission de la femme n'existait pas en dehors de l'Islam et prenait nécessairement la forme d'un voile ! Les pays musulmans sont ainsi souvent infrahumanisés à cause des symboles qu'ils véhiculent et qui sont vécus davantage comme des armes que comme des valeurs.

Il est évident que l'infrahumanisation sera davantage probable lorsque l'aspect compétitif sera renforcé, comme dans le cas de terroristes. Il s'agit d'un prêté pour un rendu. Les terroristes n'hésitent pas à tuer des innocents car ils ne les considèrent pas comme faisant partie de la même humanité qu'eux. La réaction coulissera de l'infrahumanisation inconsciente à la déshumanisation explicite. Parfois, on confond, volontairement ou non, des soldats ennemis avec des terroristes, ou encore des civils innocents avec des soldats ennemis. Un épisode de la guerre du Vietnam est resté célèbre de ce point de vue. Le massacre de My Lai a été l'œuvre d'une unité de l'armée américaine qui a tué de 347 à 504 civils, pour la plupart des femmes, des enfants et des vieillards. De nombreuses victimes furent violées, mutilées et torturées. Elles finissaient pour la plupart dans des charniers. Ce massacre a été rendu public grâce à deux pilotes d'hélicoptère et surtout grâce à leur adjudant. Celui-ci, avec les autres pilotes, a fini par s'interposer entre quelques survivants et les soldats et a donné l'ordre à ses hommes de tirer sur leurs compatriotes si ceux-ci ne permettaient pas un sauvetage. Par la suite, les trois hommes furent considérés comme des traîtres et reçurent des menaces de mort, avant d'être décorés exactement trente ans plus tard pour leur comportement exemplaire. Les éléments-clés de cet épisode ont été repris dans une expérience qui a montré que les gens qui n'exprimaient pas de honte concernant le comportement des soldats infrahumanisaient les civils vietnamiens. En d'autres mots, les personnes qui n'avaient pas le courage ou la conviction de reconnaître la culpabilité des leurs dévaluaient les victimes en les infrahumanisant. La jonction entre massacre et infrahumanisation se retrouve dans d'autres conflits comme ceux entre protestants et catholiques en Irlande du Nord, ceux de Bosnie, ou encore ceux des Mapuches au Chili.

Lorsqu'on se retrouve confrontés à des massacres commis dans le passé par son groupe d'appartenance, il n'y a souvent pas moyen de réparer les injustices commises. La protection de l'endogroupe passera donc par l'infrahumanisation des victimes. On peut affirmer que c'est bien la responsabilité de l'endogroupe qui est en jeu. En effet, lorsque le massacre est le résultat d'un accident non intentionnel, il n'y a ni repentir ni infrahumanisation. Ce résultat met en évidence le fait que l'infrahumanisation d'un groupe n'est pas nécessairement le fruit de ses actions propres, mais peut provenir d'autres groupes. Je ne suis pas impliqué dans un génocide, mais si les membres d'un groupe proche le sont, je peux infrahumaniser les victimes du génocide et justifier ainsi les actes du groupe voisin. Cet exemple n'est pas irréaliste ; il a très bien pu se produire chez les militaires occidentaux lors du génocide rwandais.

Une application de l'infrahumanisation est très originale. Depuis un certain nombre d'années les gens sont enfin (!) convaincus que le visionnage intensif de programmes violents conduit à l'agressivité des jeunes spectateurs – auparavant, et sous l'influence de l'éthologue Konrad Lorenz, on imaginait au contraire que le visionnage de scènes difficiles amenait une catharsis, c'est-à-dire drainait les spectateurs de leurs pulsions violentes. Depuis l'entrée des jeux vidéo sur le marché, on a également testé leurs effets et les résultats sont semblables à ceux des films. Des auteurs ont imaginé de lier ce phénomène à l'infrahumanisation.[14] Après usage de jeux vidéo, violents ou non, les sujets de l'expérience recevaient l'occasion d'infrahumaniser des victimes déplaisantes et de se montrer agressifs envers elles. Les deux effets attendus se produisent : il y a davantage d'infrahumanisation et d'agression après usage de jeux vidéo violents. Des liens existent aussi entre l'infrahumanisation et l'agression, mais leur signification n'est pas encore éclaircie. Il est possible que l'infrahumanisation exprimée après une partie de jeux vidéo conduise au comportement agressif, mais il est également possible que l'agression finale soit justifiée par l'infrahumanisation.

Enfin, les idéologies jouent également un rôle dans le phénomène d'infrahumanisation. Comme nous l'avons déjà relevé, l'autoritarisme et la croyance dans une hiérarchie des groupes constituent une des idéologies les plus efficaces. Résultat attendu : ceux chez qui cette idéologie est la plus ancrée seront les plus sévères dans leurs jugements infrahumanisants et seront aussi ceux qui établiront la plus grande différence entre les êtres humains (comme eux) et les animaux (très différents d'eux). Non seulement ils se montrent les plus racistes d'après les mesures traditionnelles, mais encore ils infrahumanisent très facilement. Ce résultat est tout à fait normal. Par contre, lorsque la cible est particulièrement dévaluée, on s'aperçoit que plus les gens se montrent explicitement racistes à son encontre, plus ils l'infrahumanisent aussi. Un tel résultat est normal mais inhabituel. En effet, si les scores de racisme implicite corrèlent généralement bien entre eux, de même que ceux de racisme explicite, il est beaucoup plus rare de rencontrer des corrélations significatives entre racisme explicite et implicite. On peut avancer beaucoup d'explications pour ce manque de relation entre l'implicite et l'explicite mais, dans le cas présent, elles se révèlent inutiles à cause de la force de la relation avec la cible.

Tant qu'à évoquer des cibles extrêmes, il existe à ma connaissance un cas où l'on peut parler de déshumanisation, au sens étymologique, plutôt que d'infrahumanisation. Que l'on pense aux groupes auxquels aucune compétence n'est reconnue et qui, de plus, mettent mal à l'aise

14. Greitemeyer, T. & McLathie, N. (2011). Aggressive behavior denying humanness to others : A newly discovered mechanism by which violent video games increase. *Psychological Science*, 22, pp. 659-665.

plutôt de laisser indifférent. Ces groupes sont jugés comme ni compétents ni sympathiques. En fait, ils sont considérés avec dégoût et répugnance. Dans nombre de pays d'Europe du Sud, les Gitans sont les parangons de ces groupes. En Belgique et dans les pays avoisinants, ce sont plutôt les drogués et les clochards qui sont visés. Deux chercheurs américains ont mené l'expérience suivante : ils ont présenté à leurs sujets des images de membres de groupes soit compétents soit sympathiques et ils ont enregistré leur activité cérébrale [15]. C'est toujours la même zone du cerveau qui s'activait, une région particulièrement sensible à tout ce qui est social. Lorsqu'on leur montrait des drogués et des clochards, par contre, aucune activité ne se manifestait dans cette zone ; c'était comme si on montrait un objet dégoûtant n'ayant rien à voir avec la sociabilité. Par contre, c'était une région sensible au dégoût qui réagissait.

Des chercheurs italiens ont obtenu les mêmes résultats avec une méthode beaucoup plus simple [16]. Ils ont testé de nombreux groupes dont trois – Gitans, Albanais, Marocains – qui étaient rejetés par leurs participants « pour leur incompétence et manque de cordialité ». Les sujets disposaient des stéréotypes pour chacun des groupes et ils devaient notamment noter la typicité des stéréotypes pour le groupe en question ainsi que le degré d'humanité des mêmes stéréotypes. Les seuls groupes pour lesquels la typicité augmentait avec l'inhumanité étaient ces groupes rejetés à tous points de vue. Dans ce cas, on peut réellement parler de déshumanisation puisque plus un trait était typique, moins il était humain. Heureusement, proportionnellement peu de groupes sont spontanément placés dans cette catégorie.

On dit généralement des groupes complètement déshumanisés qu'ils souffrent d'exclusion sociale. En effet, leurs bourreaux n'éprouvent aucune inhibition morale à les torturer et à les exterminer. On cite souvent à ce propos une partie d'une très ancienne expérience de Bandura, un des plus grands psychologues contemporains. [17] Dans les conditions qui nous intéressent, un sujet naïf par rapport au dessein de Bandura devait envoyer des chocs électriques à un groupe de participants. La

---

15. Harris, L. T. & Fiske, S. T. (2006). Dehumanizing the lowest of the low : Neuroimaging responses to extreme out-groups. *Psychological Science*, 17, pp. 847-853.

16. Vaes *et al.* (2011). *Op. cit.*

17. Bandura, A., Underwood, B., & Fromson, M. E. (1975). Desinhibition of aggression through diffusion of responsibility and dehumanization of victims. *Journal of Research in Personality*, 9, pp. 253-269.

manipulation faisait en sorte qu'avant les chocs, les participants entendaient un assistant échanger quelques mots avec l'expérimentateur. Dans une première condition, le groupe de participants était dépeint en termes chaleureux ; dans la condition qui nous occupe, le trio était décrit comme une bande de bêtes sauvages. Enfin, dans la condition de contrôle, aucun propos n'était échangé. Tout normalement, la description négative désinhibait les sujets qui se montraient particulièrement agressifs.

D'où la conviction qu'il n'existe plus de contrainte morale lorsqu'il y a déshumanisation. On entend souvent dire que les victimes déshumanisées ne sont plus que de la vermine, des rats ou des singes. Comme dans l'étude employant l'imagerie cérébrale, ces groupes d'individus sont devenus des objets dégoûtants. En dépit de cette croyance et de ces résultats, je voudrais défendre l'idée que, tout déshumanisées qu'elles soient, ces personnes restent des personnes pour leurs bourreaux. Vermine, rats, singes ne sont que des métaphores ; ce qui reste, c'est l'individu derrière ces comparaisons. Croyez-vous que les tortionnaires d'Abu Ghraib se seraient amusés à prendre des photos de singes en train de copuler ? Croyez-vous vraiment que les spécialistes en interrogatoire de Guantanamo se seraient donné autant de peine avec des vipères ? Pensez-vous que les convois de la mort décrits par Goldhagen eussent été pensables si les prisonnières juives avaient réellement été de la vermine ? Non, c'étaient les êtres humains qui étaient les victimes. La déshumanisation n'oublie jamais que c'est d'un être humain qu'il s'agit ; on n'animalise pas, on *dés*humanise. Tout comme on désosse, on arrache avec cruauté des caractéristiques de l'être humain, mais en veillant à garder l'être humain. Ceci ne veut pas dire qu'il n'y a pas un désengagement moral, que du contraire, mais ce désengagement ne prend sa puissance que parce qu'il s'exerce sur des tabous.

On déshumanise donc, tout en laissant à ces autres, à ces singes ou à ces rats une part de leur humanité ! Comme l'écrit Gopnik : « Nous n'humilions pas la vermine, ne la mettons pas en scène dans des procès à spectacle, ou ne la faisons pas assister d'abord à la mort de ses compagnons. »[18] C'est nous qui tuons la vermine, et l'homme en même temps, mais c'est la mort de l'homme qui nous intéresse.

---

18. Cited in D. Berreby (2011). *A philosophy of genocide's roots*. New York Times, 4 mars.

La cruauté distingue la déshumanisation « guerrière » de la déshumanisation médicale. La cruauté est bien le but de la première, mais pas de la seconde, même si on parlera parfois de cruauté de la part d'agents médicaux qui adoptent des comportements distants, froids, indifférents. Envisageons donc maintenant les fonctions de l'infrahumanisation médicale. Cet aspect clôturera ce chapitre.

FONCTIONS DE LA DÉSHUMANISATION MÉDICALE

Je me suis rarement senti aussi dégradé, humilié et privé de toute valeur que dans un certain service hospitalier, où j'ai vraiment eu l'impression d'être spolié de ma personne, de mon humanité. Je ne donnerai pas de détails qui me mettraient mal à l'aise, mais je veux insister sur le fait d'avoir été traité dès le départ et, comme par définition, comme un fardeau, un morceau de viande ou un numéro destiné à accepter n'importe quelles décisions, y compris les plus contradictoires, mais qui avaient en commun le désintérêt avec lequel elles étaient énoncées. Il y a deux raisons pour lesquelles j'accorde autant d'importance à cette situation stupide. La première est de clamer que ce service pratiquait une telle déshumanisation systématique parce qu'il avait besoin de se protéger de ses conflits internes : contradictions constantes entre docteurs et entre chefs infirmières ; comportement féodaux des supérieurs auxquels je me suis défendu d'avoir recours en évoquant mon statut de professeur universitaire ayant donné cours à du personnel hospitalier. Je ne voulais pas provoquer à mon tour de la déshumanisation dans un service où mon statut, je le savais, transformerait nombre de ces personnes en paillassons. La deuxième raison est beaucoup plus fondamentale : j'ai connu l'inverse dans d'autres services du même hôpital. Subir de graves opérations nécessitant plusieurs équipes collaborant dans leurs interventions et s'être senti respecté et pris en charge – si pas avec plaisir par chaque personne rencontrée, du moins avec une compétence rassurante –, c'est votre dignité d'être humain qui est reconnue. Je vous jure que la différence avec l'autre service n'est pas immense, elle est incommensurable !

La médecine moderne insiste beaucoup sur l'humanisation de l'approche des malades. Celle-ci devient de plus en plus cruciale avec les équipements techniques, le contrôle à distance et l'efficacité des produits qui ont remplacé, dans un grand nombre de cas, le lien humain avec le patient, qui se retrouve alors tel un objet ou un morceau de chair au bout de câbles. La privation d'humanité dans ce genre de situations a une fonction en miroir. La déshumanisation peut agir comme les câbles ou les ordinateurs maintenant le patient à distance de l'humanité et donc du personnel soignant. Cette réaction se manifeste d'autant plus que la décision à prendre concernant le patient est pénible. Ce qui fait dire que la déshumanisation peut avoir des effets bénéfiques puisqu'elle permet des confrontations davantage rationnelles, même si cela a pour conséquence plus de froideur et de distance.

L'autre face du miroir justifie immédiatement la carence d'humanité. La déshumanisation peut avoir un effet sur le personnel lui-même. Le personnel qui garde ses distances doit être « vacciné », car plus on considère les malades comme des humains avec lesquels on a des contacts chaleureux, plus on se révèle sensible aux symptômes d'épuisement professionnel. Pour le bien-être du personnel, donc, un certain niveau de déshumanisation est d'autant plus plausible que l'empathie avec les malades doit être strictement contrôlée ou réduite. Si tel n'est pas le cas, dans une unité de soins palliatifs, par exemple, on verra apparaître ce que les Anglo-Saxons désignent sous l'expression de *burn-out*, c'est-à-dire l'épuisement professionnel.

En fait, la déshumanisation médicale comporte deux classes de facteurs. Les premiers sont structurels. Comme dans toute institution, avec beaucoup de monde et de « grades » différents (les malades, la hiérarchie parmi les infirmières et les médecins, les uniformes), les malades risquent de perdre leur individualité (« le râleur de la 24 »), leur intelligence (« il ne comprendrait quand même pas ») et leur contrôle (« elle a déjà de la chance qu'on s'occupe d'elle »). L'autre classe de facteurs déshumanisants comprend la technologie et la restriction d'empathie. Nous avons déjà évoqué les conséquences possibles de la technologie. La restriction d'empathie est plus problématique. Sa présence peut réduire les risques structurels que nous venons de citer. Elle donne l'impression aux patients d'être bien soignés et ces derniers suivent alors mieux leur traitement. Cette empathie pourrait être remplacée par la communication avec la famille qui prendrait le relais du personnel soignant. La tâche n'est pas facile, mais elle empêcherait de toute évidence le *burn-out*.

Les recherches montrent que l'empathie à l'égard des malades diminue avec l'avancement dans les études. Plus on est diplômé, moins on est empathique ? Peut-être est-on blasé ? Il est très intéressant de comparer les réactions neurologiques des médecins et de gens n'ayant rien à voir avec la médecine face au spectacle d'individus soit piqués par des aiguilles d'acuponcture, soit touchés par des cotons tiges. Contrairement aux autres personnes, les médecins ne réagissent pas face aux piqûres. Les spécialistes croient que les médecins inhibent leur réaction d'empathie, mais leur grande question reste de savoir si cette inhibition est consciente ou inconsciente. [19]

De même que, dans la déshumanisation guerrière, nous avons envisagé la mort, nous allons le faire pour la déshumanisation médicale. Il est inutile, me semble-t-il, de discuter les significations différentes de la mort dans les deux types de déshumanisation. Rappelez-vous cependant que j'ai mis en évidence que la mise à mort d'un ennemi ramenait celui-ci à l'humanité. « C'est nous qui tuons la vermine, et l'homme en même temps, mais c'est la mort de l'homme qui nous intéresse », écrivais-je. Je défends l'idée que la même *ré*humanisation se produit quand on doit déconnecter un comateux de son appareillage de survie ou supprimer un médicament qui maintient un cancéreux en vie. Récemment, j'ai eu la chance de découvrir un série d'études où l'on demandait aux gens combien d'esprit *(« mind »)* restait à un mort ou à une personne dans un état végétatif. Pour les personnes interrogées, la part d'esprit qui reste à un mort est plus importante que celle dont l'individu végétatif est privé [20] ! La difficulté à prendre les décisions d'euthanasie ou de mort digne fait en sorte que le patient redevient un être humain. Il reste comateux et cancéreux mais, en plus, c'est une personne dont on se soucie de la dignité.

Ne soyons pas aveugles : l'infrahumanisation ou la déshumanisation médicale existe. Je reste persuadé que la mise à mort et la délivrance rétablissent l'humanité, mais les fonctions de la déshumanisation guerrière et de la déshumanisation médicale sont tellement différentes qu'il est dommage que l'on ne dispose que d'un seul terme. Outre cette différence de fonctions, les deux phénomènes diffèrent aussi par les cibles qu'ils visent : la déshumanisation guerrière est un processus qui vise des groupes, la déshumanisation médicale des individus.

---

19. Haque, O.S., & Waytz, A. (sous presse). Dehumanization in medicine : causes, solutions, and functions. *Perspectives on Psychological Science*.

20. Gray, K.T. Knickman, A.& Wegner, D.M. (sous presse). More dead than dead : Perceptions of persons in the persistent vegetative state. *Cognition*.

Je n'ai pas trouvé de recherche qui montre que la déshumanisation médicale entraîne le racisme. Très souvent, par contre, c'est un racisme existant, vis-à-vis de minorités par exemple, qui facilite la déshumanisation médicale.

***

Ce chapitre se termine sur une note à la fois triste et optimiste. Il ne faudrait cependant pas que nos réflexions et les résultats empiriques sur l'infrahumanisation médicale oblitèrent tout ce qui a été dit précédemment. Comment peut-on se montrer inconsciemment plus raciste autrement qu'en revendiquant un degré plus élevé d'humanité pour soi-même et pour son groupe d'appartenance ? Plusieurs études attestent d'ailleurs le fait que les gens consciemment racistes, autoritaristes et conservateurs font montre d'une infrahumanisation inconsciente. C'est ce caractère inconscient qui est particulièrement dangereux, parce qu'il occulte ce qui pourrait être amélioré. Il est manifeste que la toute grande majorité des gens – nos collègues et nous avons testé plusieurs milliers d'individus – nierait avec énergie l'idée même qu'elle pourrait priver autrui d'une partie de son humanité. Pourtant, ce n'est pas qu'une idée, mais bien une réalité…

En guise de conclusion…

Dans le premier chapitre, je disais clairement mon intention de montrer que nous étions tous très probablement racistes. Ce n'est pas nécessairement un état stable dans lequel nous nous complaisons mais, sans le vouloir, nous pouvons tous avoir des accès racistes. Un lieu qui se prête très facilement à ce genre d'excès est le stade de football. Le racisme y est utilisé non comme un but en soi, mais comme une arme qui déroutera les joueurs visés. Faire perdre ses moyens à l'adversaire est le vrai but des cris racistes, mais ces derniers finissent par faire de la manifestation raciste une banalité, à tel point qu'il a fallu légiférer pour la rendre illégale.

Mon livre n'est en aucune façon une manipulation quelconque pour convaincre que tous les gens sont racistes. Je sais que je suis raciste à l'encontre de plusieurs groupes d'individus et je suis tenté d'être persuadé qu'il en est de même pour les autres personnes. Je pourrais chercher tous les moyens imaginables pour m'améliorer et diminuer mes racismes. Je connais les arguments de mes collègues et les limites de ce qu'ils ont à proposer. Plutôt que d'écrire un ouvrage avec un but moralisateur, je préférais discuter de divers aspects du racisme sans chercher à être exhaustif.

Le choix de mes thématiques reflète évidemment mes centres d'intérêts. Je me trouve d'autant plus justifié d'agir de cette façon que nombre de livres anglo-saxons sont dédiés au racisme et essaient d'être les plus complets possible en se donnant l'allure d'être les plus objectifs possible.[1] De même que je n'ai pas cherché à être complet, j'ai renoncé à toute velléité de neutralité. Si vous recherchiez l'impartialité, vous aurez depuis longtemps abandonné la lecture de ce livre, peut-être même avant la fin du premier chapitre.

---

1. Voir, par exemple, Nelson, T. D. (2009). *Handbook of Prejudice, Stereotyping, and Discrimination*. New York : Psychology Press

Croyez-vous que Goldhagen est non raciste vis-à-vis des nazis qui existent encore en Allemagne et dans d'autres pays européens et américains ? Un ami des îles Canaries, allemand de par son père et sa mère, mais qui a toujours vécu là-bas, me certifie que vu du ciel, on peut apercevoir un lotissement de touristes allemands qui a la forme d'une croix gammée. Si cette confidence s'avère vraie, je ne peux ressentir que du racisme pour les habitants de ce lotissement.

Goldhagen fait le procès des nazis uniquement. J'ai fait remarquer qu'existe une infinité de groupes. Il me semble difficile de vivre en harmonie avec tous ceux-ci. Il y a quelques semaines, alors que l'écriture de ce livre était presque achevée, j'ai lu un article intitulé « Sommes-nous (presque) tous des racistes ? ». Cet article faisait la différence entre des racismes idéologiques et des racismes automatiques repérables par des astuces psychologiques plus ou moins sophistiquées. Il voulait dire par là que nous sommes conscients de certains de nos racismes et que nous pouvions en discuter, alors que nous sommes sans défense devant les racismes dits automatiques. C'est cependant une erreur de croire que les racismes inconscients sont dépourvus de racines idéologiques – nous y reviendrons.

Dans le deuxième chapitre, j'ai brièvement retracé deux expériences qui sont à la base de toutes les études sur les relations entre groupes : celle des groupes minimaux de Tajfel et une autre dite de la « Caverne des voleurs », d'après le nom de l'endroit où Sherif avait mené ses investigations sur la compétition et la coopération entre groupes. En fait, les études de Tajfel étaient une réponse à la série d'observations de Sherif. Selon ce dernier, l'antagonisme entre groupes était dû au fait que ceux-ci étaient en interaction pour des richesses limitées. La compétition avait donc pour but de maintenir ou de gagner des ressources objectives. Selon Tajfel, par contre, l'objectivité était superfétatoire pour la compétition. C'était le symbolique qui importait ; la lutte entre groupes dominants et dominés dépendait de contextes où les symboles étaient primordiaux. En imaginant ses expériences Klee-Kandinsky, il ne s'attendait toutefois pas à voir une préférence se manifester. Elle eut pourtant bien lieu, et c'est pourquoi la catégorisation est devenue pour beaucoup synonyme de conflit, banalisant la problématique de l'ethnocentrisme.

La catégorisation est indispensable à notre fonctionnement mental. Nous sommes à ce point submergés de stimulations de toutes sortes que nous sommes obligés de mettre de l'ordre dans notre environnement par la catégorisation. C'est notamment le cas des identités que nous partageons ou dont nous voulons nous prémunir. Ainsi, « eux » et « nous » constituent deux catégories fondamentales au niveau groupal. C'est ici qu'apparaissent l'ethnocentrisme et l'altruisme avec toute la dynamique qu'ils mettent en jeu.

D'abord, ces deux catégories – eux et nous – nécessitent l'altruisme pour former deux ensembles cohérents et cohésifs. Le vécu social est tel que nous ne pouvons faire l'économie d'autres personnes et notre vécu sera d'autant plus riche, plus fécond et plus solide que nous aurons formé des alliances avec des personnes qui sont prêtes à nous aider et pour lesquelles nous ressentons de l'empathie. En français, le terme de sympathie – « ressentir ensemble » étymologiquement – résume bien l'altruisme à l'intérieur des catégories dans lesquelles nous sommes prêts à engager notre identité.

L'ethnocentrisme, lui, est plus complexe. D'une part, il tient compte de la similitude que notre catégorie présente avec d'autres groupes, en même temps qu'il prend ses distances et établit la distinction « nous » et « eux ». D'autre part, il assied notre groupe (ou catégorie), auquel il prête une valeur exclusive. Avec cette dynamique de similitude-différence, notre groupe en vient à être protégé d'intrusions inopportunes et de comparaisons inadéquates.

Voici quelques réflexions, voire conclusions, sur le racisme et le non-racisme tels qu'on peut les rencontrer dans les pays où le racisme est pour une large part illégal et où cette illégalité n'est pas un simple paravent. Je fais ce choix par familiarité ; il me serait très difficile d'envisager le racisme dans des pays où celui-ci serait la norme. De tels pays sont certainement encore nombreux, mais j'avoue mon ignorance sur ce sujet. De toute façon, même là où le racisme est illégal, il y a suffisamment de situations où il peut s'infiltrer.

La problématique la plus récurrente au niveau du racisme est le silence – du moins dans les pays que je viens de circonscrire. C'est quand il est stratégique que le non-dit nous intéresse le plus. Plutôt que d'examiner point par point dans quelle mesure il intervient dans les stéréotypes, la discrimination ou les préjugés – c'est-à-dire les différents chapitres du livre –, je préfère l'appréhender d'emblée dans un horizon plus large. Tout le monde aura compris que je préfère la *color-consciousness* à la *color-blindness*. Reconnaître des différences me semble une réaction normale. Cette reconnaissance correspond à une réalité qu'il est facile d'identifier. Ou bien on accepte ces différences, ou bien on les réprouve, et dans ce dernier cas, on est clairement raciste. Ce racisme est apparent pour tous les acteurs de l'interaction, dominants comme dominés. Malgré ce racisme explicite, je préfère encore cette situation à l'hypocrisie de la cécité aux couleurs, à la *color-blindness*. Dovidio[2] est sans conteste le psychologue qui a le plus étudié les interactions où une tâche devait être résolue par des individus dont on avait mesuré le degré de racisme : raciste, non-raciste et raciste aversif. Les participants noirs montraient plus de confiance envers les racistes blancs qu'à l'égard de racistes aversifs. Or, les racistes aversifs sont certainement les plus nombreux aux États-Unis, où ce type de recherches a été effectué. Ceux-ci croient sincèrement être non-racistes, mais se laissent piéger lorsque la situation est ambiguë. Comme on l'a vu dans le chapitre 2, ces individus prennent soin que leur propos ne heurte pas leur interlocuteur noir mais, au niveau non-verbal, ils laissent échapper leur manque de naturel, ou de simplicité, auquel les Noirs sont particulièrement attentifs. Par ailleurs, ce sont les sujets racistes ou vraiment non racistes qui facilitent la performance durant les interactions. Ils ne sont pas ambigus.

Dans une étude belge[3], les chercheurs ont évalué la tolérance vis-à-vis des groupes minoritaires. Les répondants peuvent se regrouper selon la taxonomie de Dovidio : 10 % sont des racistes explicites, 21 % sont paternalistes, 15 % se proclament totalement tolérants ; les 54 % restants montrent des réticences diverses que l'on peut rassembler sous la dénomination de racistes aversifs. Selon l'Institut qui a commandé l'étude, il est clair qu'une personne sur trois est franchement raciste. Pas de quoi pavoiser !

Ces chiffres ne poussent pas à l'optimisme, mais on se rappellera que Lévi-Strauss, dans *Race et histoire*, publié en 1952 et réédité en 1987, mettait déjà en cause les plus infimes différences culturelles pour dire que l'humanité s'arrêtait aux frontières du village. Selon les chiffres belges, cela veut dire que 15 % seulement des gens sont prêts

2. Dovidio, J. F. (2001). On the nature of contemporary prejudice : The third wave. *Journal of Social Issues*, 57, pp. 829-849.

3. *Baromètre de la tolérance* (2009). Centre pour l'égalité des chances et lutte contre le racisme. Waterloo : Ipsos.

à l'intégration. L'intégration est à considérer ici comme un concept moral parce qu'il y a évidemment dans chaque culture des lois, normes ou habitudes qui ne sont pas admissibles par une autre culture. Pensons au fait de manger du porc ou de boire de l'alcool, à la polygamie ou à l'excision clitoridienne. En d'autres termes, l'intégration signifie l'acceptation et le respect des différences, pour autant que celles-ci ne s'opposent pas à la moralité d'un des groupes, comme la polygamie, ou à l'intégrité physique des individus, comme dans l'excision.

Comme ma définition du racisme ne le limite pas aux groupes ethniques mais englobe toutes les catégories sociales, il faut se mettre d'accord sur les termes. L'intégration et ses cousins comme l'individualisme et l'assimilation sont traditionnellement utilisés pour les études sur l'acculturation[4] afin de signaler les stratégies d'accueil des immigrés. Les termes de *color-blindness* et de *color-consciousness* interviennent par définition pour les ethnies qui sont reconnaissables à leur couleur de peau. Les stéréotypes, discriminations et préjugés qui s'adressent à des cibles particulières seront appelés par des termes propres tels qu'antisémitisme ou islamophobie. C'est d'ailleurs en raison de ces termes et de ce qu'ils désignent qu'au lieu de racisme, les auteurs se sentent obligés de parler de *« prejudice »* en anglais, recouvrant par là stéréotypes, préjugés et discrimination.

À cette série déjà longue de concepts et d'idéologies, il faudra encore ajouter l'infrahumanisation et la déshumanisation. Je me sens légitimé d'associer ces deux notions au racisme, ne serait ce que par les corrélations obtenues dans diverses études. La corrélation ne se manifeste pas seulement pour la mesure classique d'infrahumanisation qui a été exposée dans le chapitre précédent, mais elle se marque aussi pour des mesures implicites et explicites qui s'attaquent plus directement à une cible.

Une équipe américaine de chercheurs remet systématiquement en question tout ce qui est publié sous le titre de racisme[5]. Ils sont spécialement critiques à l'encontre de méthodes subtiles pour mesurer le racisme et des conclusions qui en sont issues, clamant qu'il s'agissait

---

4. Bourhis, R. Y. & Leyens, J. Ph. (1994). *Stéréotypes, discrimination et relations intergroupes*. Liège : Mardaga.
5. Arkes, H. R. & Tetlock, P. E. (2004). Attributions of Implicit Prejudice, or "Would Jesse Jackson 'Fail' the Implicit Association Test?" *Psychology Inquiry*, 15, pp. 257-278.

en fait d'une mesure de conservatisme des participants et non de racisme. La question se pose avec acuité à propos de l'infrahumanisation. C'est un processus subtil qui a l'air de se limiter à un jeu de mots. Elle montre néanmoins une série de conséquences peu banales. En voici quelques-unes. L'infrahumanisation augurait le pardon entre Irlandais catholiques et protestants. Elle prédisait culpabilité et honte pour les atrocités commises en Bosnie-Herzegovine et au Chili avec les Mapuches et montrait aussi que les groupes infrahumanisés étaient moins l'objet d'empathie que les autres. Après la catastrophe Katrina aux États-Unis, les gens infrahumanisaient davantage ceux qui n'appartenaient pas à leur groupe, et plus ils infrahumanisaient, moins ils étaient prêts à aider. Des chercheurs de Hollande, dont le contingent de l'ONU était resté impassible devant les horreurs de Srebrenica, ont trouvé que plus leurs sujets infrahumanisaient les musulmans, moins ils étaient désireux de participer à des politiques de réparation. Les Portugais infrahumanisent les Turcs dont ils redoutent l'entrée dans la Communauté européenne. Les seuls Belges francophones n'ont pas lésiné sur les groupes qu'ils infrahumanisaient : Flamands, Français, Anglais, Maghrébins, Albanais, Américains, Turcs, etc.

C'est beaucoup pour un « jeu de mots » ! On pourrait dire qu'il ne s'agit là que de réponses auto-reportées, mais c'est oublier les paradigmes plus sophistiqués où l'on était assuré de l'automatisme des sujets.

Les contradicteurs du racisme sont assimilables à des *hackers* qui s'introduisent dans des sites privés avec pour seule ambition de connaître le succès par la provocation. Mais, au bout du compte, ce sont de gros naïfs. C'est comme s'ils prétendaient qu'une épidémie qui touche plusieurs continents ne pouvait pas provenir d'une bactérie microscopique. En d'autres termes, les petits effets ne peuvent qu'avoir de petites causes. Si la mesure est subtile, ce qui en ressort ne peut être qu'insignifiant.

On se sera aperçu que, contrairement à beaucoup d'ouvrages sur le sujet, je n'ai pas insisté sur les moyens de réduire le racisme. La meilleure méthode qui prédit l'harmonie entre groupes est le contact. J'ai jugé inutile de passer en revue cette littérature car le contact est toujours approché avec un groupe cible spécifique. Dans ce livre, j'ai défendu l'idée que nous pouvons être racistes vis-à-vis de n'importe quel groupe, et le chapitre sur l'humanité a témoigné de cette généralité. Connaître son « mal » est indispensable, mais je suis la preuve que cette condition ne suffit pas. Je suis désolé de ne pas connaître le chemin de la rédemption, mais je ne veux surtout pas servir d'alibi, ni de recette, à des lecteurs que j'espère critiques.

Remerciements

Un livre est nécessairement un travail collectif, même si une seule personne en prend la responsabilité et si plusieurs « collaborateurs » ne sont pas d'accord avec le résultat final. J'espère que ce livre suscitera autant de discussions qu'il l'a fait entre moi et les ami(e)s que je voudrais remercier. Pour les discussions animées, je suis particulièrement reconnaissant à Abdelwahab Mahjoub, Armando Rodriguez, Ewa Drozda-Senkowska, Jeroen Vaes, Jorge Vala, Loli Morera et Maria Paola Paladino.

Sandra Mangoubi, éditrice chez Mardaga, a mis toute son expertise au service de la rédaction finale. Vincent Yzerbyt, directeur de la collection, m'a titillé par ses remarques pointues. Je les remercie très cordialement.

Toute ma gratitude à mon collègue et ami, Assaad Azzi, de l'Université de Bruxelles, qui a accepté d'écrire la préface de cet ouvrage.

Table des matières

LA PSYCHOLOGIE CHEZ MARDAGA

PSY-THÉORIE, DÉBATS, SYNTHÈSES

collection dirigée par Marc Richelle et Xavier Seron

1 François JOUEN & Michèle MOLINA, *Naissance et connaissance. La cognition néonatale*, 2007.
2 Jean-Pierre POURTOIS & Huguette DESMET, *Épistémologie et instrumentation en sciences humaines*, 2007.
3 Odile BOURGUIGNON (dir.), *Éthique et pratique psychologique*, 2007.
4 Françoise PAROT (dir.), *Les fonctions en psychologie*, 2008.
5 Odile BOURGUIGNON (dir.), *La pratique du psychologue et l'éthique*, 2009.
6 Jacques BALTHAZART, *Biologie de l'homosexualité*, 2010.
7 Allan V. HORWITZ & Jerome C. WAKEFIELD, *Tristesse ou dépression ? Comment la psychiatrie a médicalisé nos tristesses*, traduit par Françoise Parot, 2010.
8 Olivier VITOUCH, Irène DELIÈGE & Olivia LADINIG (dir.), *Musique et évolution*, 2010.
9 Jean-Adolphe RONDAL, *L'apprentissage implicite du langage*, 2011.
10 Dragoslav MIRIC, *Psychiatrie et évolution. Les troubles de la personnalité à la lumière de l'évolution*, à paraître en septembre 2012.

PSY-ÉVALUATION, MESURE, DIAGNOSTIC

collection dirigée par Jacques Grégoire

anciennement Pratiques psychologiques – Évaluation et diagnostic (9 titres)

1 Marie-Pascale NOËL (dir.), *Bilan neuropsychologique de l'enfant*, 2007.
2 Jacques GRÉGOIRE, *L'examen clinique de l'intelligence. Fondements et pratique du WISC-IV* (nouvelle édition), 2009.
3 Jean-Adolphe RONDAL, *La trisomie 21 : perspective historique sur son diagnostic et sa compréhension*, 2010.
4 Serge SULTAN & Lionel CHUDZIK, *Du diagnostic au traitement : Rorschach et MMPI-2*, 2010.
5 Bernadette PIÉRAT (dir.), *Les bégaiements de l'adulte*, 2011.
6 Jean-Louis ADRIEN & Maria Pilar GATTEGNO (dir.), *L'autisme de l'enfant. Évaluations, interventions et suivis*, 2011.
7 Isabelle ROSKAM (dir.), *Enfants difficiles (3-8 ans). Évaluation, développement et facteurs de risque*, 2012.

PSY-INDIVIDUS, GROUPES, CULTURES
collection dirigée par Vincent Yzerbyt

1 Paula NIEDENTHAL, Silvia KRAUTH-GRUBER & François RIC, *Comprendre les émotions. Perspectives cognitives et psycho-sociales*, 2008.
2 Olivier CORNEILLE, *Nos préférences sous influences. Déterminants psychologiques de nos préférences et choix*, 2010.
3 Jonathan HAIDT, *L'hypothèse du bonheur. La redécouverte de la sagesse ancienne dans la science contemporaine*, 2010.
4 Serge GUIMOND, *Psychologie sociale : perspective multiculturelle*, 2010.
5 Carol S. DWECK, *Changer d'état d'esprit. Une nouvelle psychologie de la réussite*, avril 2010.
6 Susan T. FISKE & Shelley E. TAYLOR, *Cognition sociale. Des neurones à la culture*, 2011.

PSY-ÉMOTION, INTERVENTION, SANTÉ
collection dirigée par Pierre Philippot

anciennement Pratiques psychologiques – Cognition, émotion et santé (4 titres)

1 Pierre PHILIPPOT, *Émotion et psychothérapie*, 2007 ; *nouvelle édition revue et augmentée*, 2011.
2 Isabelle WODON, *Déficit de l'attention et hyperactivité chez l'enfant et l'adolescent*, 2009.
3 Isabelle VARESCON (dir.), *Les addictions comportementales : aspects cliniques et psychopathologiques*, 2009.
4 Vincent SEUTIN, Jacqueline SCUVÉE-MOREAU, Étienne QUERTEMONT (dir.), *Regards croisés sur le cannabis*, 2010.
5 Nicolas FAVEZ, *L'évaluation clinique de la famille. Modèles et instruments d'évaluation*, 2011.

PSYCHOLOGIE ET SCIENCES HUMAINES
collection dirigée par Marc Richelle

264 titres parus dans l'ancienne présentation.

265 Marc LEVÊQUE, *Au cœur de la compétition sportive. Approches psychologique et sociologique*, 2010 (sous la direction de Pierre Philippot).

Pour plus de renseignements, consultez notre catalogue en ligne

www.mardaga.be

Imprimé en Belgique, en avril 2012,
sur les presses de SNEL Grafics à Vottem
pour le compte des Éditions Mardaga à Wavre